나는 왜
내가 제일 힘들까

Get Out of Your Own Way

나는 왜
내가 제일 힘들까
항상 같은 곳에서 넘어지는
당신을 위한 감정 사용 설명서
마크 고울스톤·필립 골드버그 지음
김윤재 옮김
마인드빌딩
GET OUT OF YOUR OWN WAY

추천의 말

자신에게 보다 충실한 삶을 살고자 하는 이들, 약점을 강점으로 바꾸려는 사람들을 도와줄 강력하고 실용적인 인사이트가 담겼다. 자기 자신과 주변 관계에서 더 큰 만족을 얻으려 한다면 자신의 발목을 붙잡는 일에서 벗어나야 한다. 저자들은 이런 문제를 기회로 바꾸는 방법을 특별히 일러준다. 값지고 명확하며 즐거운 책이다.

— 해럴드 블룸필드, 《상실과 치유의 심리학》의 저자

이 책은 아주 민감한 주제들을 친절하면서도 상식적으로 다룬다. 성실한 독자라면 자기 앞길을 가로막으며 사는 사람이 비단 자기 혼자만이 아님을 깨닫고, 스스로를 보다 관대하게 포용할 줄 알게 될 것이다.

— 티머시 골웨이, 《골프의 이너게임》의 저자

바쁜 사업가에게는 자신의 나쁜 감정을 처리하는 데 낭비할 에너지나 시간조차 없다. 이 책이 당신의 성공을 방해하는 문제들을 빠르게 해결하도록 도와줄 것이다.

— 제인 애플게이트, 《소규모 사업 성공을 위한 제인 애플게이트의 전략》의 저자

이 책은 당신의 자기파괴적 행동을 극복하고 건강과 행복의 길로 들어서게 해주는 현실적인 통찰력과 구체적인 방법을 일러준다.

— 캐시 스미스, 건강 피트니스 전문가

정말로 가치 있는 책이다. 그대로 방치하면 자칫 당신의 삶을 망칠 수도 있는 자기파괴적 행동 40가지에 대해 명확한 통찰과 공감, 그리고 현실적인 해결책을 전해준다. 자신이 만든 마음의 감옥에서 탈출하여 진정 원하는 삶을 사는 매뉴얼로 활용하라.

— 잭 캔필드, 《영혼을 위한 닭고기 수프》의 저자

어빙 고울스톤, 아이디얼 스토츠키,

그리고 윌리엄 맥네어리를 추모하며

차례

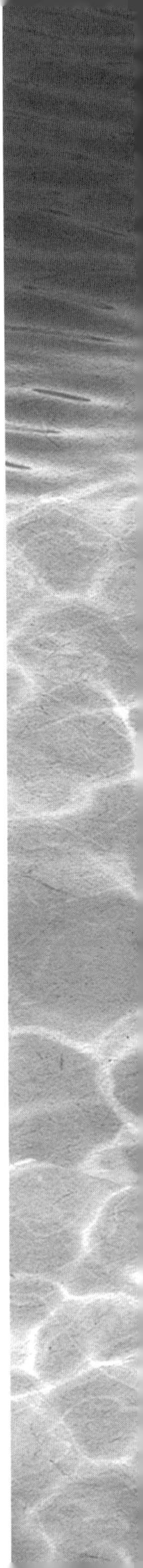

제2장

다른 사람들과 잘 지낼 수 있을까

제3장

어떻게 말하고 행동해야 좋을까

제4장

앞으로 어떻게 살아야 하는 걸까

프롤로그

왜 세상 그 누구보다
나를 다스리기가 제일 힘들까

1972년, 의과대학에서 힘들게 2년을 버틴 저는 의사의 길을 그만둘 수도 있는 기로에 서 있었습니다. 학교 수업은 너무 힘들었고 특별히 관심을 끄는 분야도 없어서 전공과목조차 정하지 못한 상태였지요. 그런데도 환자들과 보내는 시간은 즐거웠습니다. 그들의 고통에 공감했고, 환자를 진정시키고 고민을 덜어주는 일에 자연스럽게 끌렸습니다. 하지만 첨단 의술의 시대에 환자들과 대화하고 고통을 덜어주려 하는 건 그다지 중요한 일처럼 여겨지지 않았습니다. 의사란 무릇 힘들고 어려운 영웅적 과업에 매달리며 죽음과 싸워야 하는 존재니까요. 이런 딜레마에 심각하게 빠져든 나머지 저는 만성적인 위장 질환에 시달리곤 했습니다.

그러다 저의 멘토였던 대학 학장님의 주선으로 캔자스 주 토페카에 있는 메닝거 정신의학교육연구재단Menninger Foundation for Psychiatric Education and Research 프로그램에 참가하게 되었습니다. 제게는 압박이 덜한 상태에서 평소 원하던 일을 찾을 수 있는 기회였습니다. 그리고 실제 기대보다 더 많은 것을 얻을 수 있었지요. 정신병동에서 수많은 환자와 이야기를 나누며 몇 주를 지내고 나니 처음으로 정신과를 전공해야겠다는 생각이 들었거든요.

그 일은 제게 쉬우면서도 아주 자연스러운 선택으로 여겨졌지만, 바로 그 이유 때문에 저는 주저했습니다. 평소 '일'이란 즐기는 대상이 아니라 참고 견뎌야 하는 것이라고 생각해왔기 때문이죠. 즉 힘들지 않은 일은 제대로 된 일이 아니라고 여겼던 겁니다.

이런 생각을 학장님께 말씀드렸더니, 쉽게 답을 내놓으시더군요. 정신과의사가 되라고요.

"하지만 그건 너무 쉬운 길인 걸요."

저의 볼멘소리에 대한 학장님의 말씀이 이후 제 인생을 바꿔놓았습니다.

"때로는 쉬운 길이 옳은 길일세."

이 경험은 저의 커리어 선택뿐 아니라 이후 의사로서의 삶에도 큰 영향을 주었습니다. 자기파괴적 행동이 가진 힘을 생생하게 느낄 수 있었기 때문이죠.

앞으로 다루겠지만, 저는 두 가지 면에서 스스로를 거의 망칠 뻔했던 것입니다. 첫째, '너무 빨리 포기'하려 했고 둘째, '어려운 길이 옳은 길이라고 착각'했죠. 다행히 학장님의 현명한 조언 덕분에 장애물을 넘어설 수 있었습니다. '때로는 쉬운 길이 옳은 길'이라는 빛나는 통찰을 저는 아직도 잘 간직하고 있지요.

그 이후 저는 20년 넘게 의사로 일했습니다. 제 환자들이 어떻게 자신을 망치는지 지켜보고 자기파괴를 이겨낼 수 있도록 공감하고 도움을 주려 노력해왔죠.

이 책 역시 독자들에게 그런 통찰을 제공하려고 썼습니다. 이 책을 통해 여러분도 그동안 자신의 발목을 붙잡은 행동 패턴을 변화시키고 자기파괴에서 벗어나 더 건강한 인생으로 나아가게 될 것입니다.

자기파괴적 행동이 미치는 영향

제 경험상 사람들에게 심리치료가 필요한 주된 이유는 자기파괴적 행동이었습니다. 삶에서 간절히 원하는 사랑, 성공과 행복을 가로막는 주범이 바로 자기 자신임을 깨닫게 되는 일만큼 스스로를 증오하게 하고 미치게 만드는 건 없죠. 그걸 조종하는 게 바로 자기파괴적 행동이 하는 일입니다. 자기파괴적 행동은 자신의 이익을 망치고, 진실한 갈망을 좌절시키며, 문제를 해결하기보다는 만들어내게 되지요. 그래서 자기파괴적 행동에 사로잡힌 자신을 보면서 분노에 가득 차 고함을 지르는 것이죠.

'내가 또 이랬다니 정말 믿을 수가 없어! 이런 멍청한 짓을 하다니! 나야말로 내 최악의 적이야!'

이런 말을 몇 번이나 자기 자신에게 했습니까? 아마도 당신의 대답은 '너무 자주요!'일 겁니다. 스스로가 자신을 망치고 있음을 깨닫고 다시는 이러지 않겠다고 맹세한 적이 대체 몇 번인가요? 너무 자주라고요? 워워, 진정하세요.

우선 알아야 할 건, 이게 여러분만의 문제가 아니라는 것입니다. 제 환자들 중에는 하루하루 근근이 살아가는 평범한 사람부터 엄청난 재력가, 젊고 건강한 사람부터 죽음을 앞둔 사람, 잘 알려지지 않은 사람부터 누구나 아는 유명인, 성실한 시민부터 파렴치한 범죄자까지 다양한 인간 군상이 존재했죠. 그들 모두가 자기파괴적 행동 때문에 스스로를 탓하면서도 자신을 바꿀 방법을 알지 못했거나 실천하지 못했습니다. 겉으로 보기엔 자신감과 확신에 차 있지만, 사실은 심각한 자기 비하에 시달리며 사랑과 존경을 받을 가치가 없다고 여기는 경우도 있었고요.

그런 환자들 중에 세계적인 명성을 얻은 재즈 뮤지션이 있었는데, 암 때문에 서서히 죽어가는 생의 마지막 몇 달간 그는 고통받는 영혼으로 지냈습니다. 자기파괴적 행동이 그의 성공까지 가로막지 못했던 건 분명합니다. 당대의 가장 존경받는 연주자였으니까요.

하지만 앞으로 이 책에서 다룰 몇몇 행동 때문에 그는 자신의 성공을 온전히 즐기지 못했으며, 가장 중요한 순간에 사랑과 평화를 누리지 못했습니다. 가슴속에 쌓인 감정 탓에 아들을 사랑할 기회를 스스로 박탈해버렸고, 결국 죽기 전까지 아들과 화해하지 못한 채 세상을 떠났습니다. 그는 전통적인 음악교육을 받은 뮤지션들을 시기하느라 자신이 마땅히 가질 수 있었던 존중감을 충분히 받지 못했으며, 너무 높은 기대치 때문에 자신의 연주가 머릿속의 음악과 정확히 일치한 순간이 평생에 딱 네 번밖에 없었다며 한탄했습니다. 다른 사람들은 그 완벽한 순간을 평생에 한 번 경험해보기도 힘든데 말입니다. 그리고 이런 모든 감정을 가슴에 담아둔 채 그 짐을 결국 내려놓지 못했습니다.

제가 그에게 마지막으로 말했습니다.

"이제 그만 잊으세요. 지금까지 잘해오셨습니다."

그러자 그는 희미한 미소를 지었고 눈물이 맺히더군요.

“고맙습니다, 선생님. 그 말이 듣고 싶었어요.”

제 말이 그에게 정말 위안을 되었을지는 모르겠습니다.

이 책은 이런 비극을 피하기 위해 쓴 것입니다. 여러분이 변화할 준비가 되어 있다면 이 책은 어디로 가야 할지 방향을 알려주고 확신을 심어줄 수 있습니다. 앞으로 들려줄 조언을 따른다면 어려운 상황에서 스스로를 망치는 대신 존엄과 지혜, 용기와 유머로 대처할 수 있을 테고요.

우리는 왜 스스로를 망치려 드는가

우리가 삶이 주는 교훈을 배우지 못할 때 자기파괴적 행동이 발생합니다. 즉 제대로 된 인식과 지속적인 만족을 주는 해결책 대신 순간적인 충동과 희열에 몸을 맡기는 거죠.

자기파괴적 행동은 언제나 자신의 기분을 더 낫게 하려고 시작되는 심적 기제입니다. 위기나 위협, 잠재적으로 분노를 유발하는 상황에 놓였을 때 우리는 스스로를 보호하기 위해 긴장을 풀고 상처를 받지 않게 해줄 무언가에 매달리죠. 그런 행동을 하는 당시에는 논리적이고 적절하게 느껴지고, 단기적으로는 안도감을 주기도 합니다. 하지만 결국에는 다시 돌아와 우리를 괴롭히고, 우리는 멍청하고 어리석고 나약하게 행동했다며 자책하게 됩니다. 사실은 위협적이고 혼란스런 상황 때문에 잠시 균형감을 잃었을 뿐인데도 말이죠.

지속성을 갖는 다른 패턴처럼 자기파괴적 행동은 대개 어린 시절의 경험에 뿌리를 두고 있습니다. 정신적 상처를 받은 아이라 해도 어른들로부터 애정 어린 격려와 지원, 효과적인 지도를 받으면서 건강한 상황 대처 능력을 기르면 자신감과 재치, 융통성을 갖춘 어른으로 성장할 수 있습니다. 이런 사람들의 자기파괴적 행동은 상대적으로 사소하고 극복하기 쉬운 경우가 많죠.

반면에 사랑을 받지 못하고 학대받거나 방치된 상태에서 자라는 아이들은 보호받지 못한다는 감정과 외로움을 느낍니다. 설령 사랑을 느끼더라도 스스로를 무능력한 존재로 여기기 때문에 역경 앞에서 불안해하지요. 어떤 경우든 그런 감정을 이겨내기 위해 무엇이든 붙잡으려 합니다. 불안감과 외로움, 무기력을 느낄수록 안도감을 가져다줄 생각이나 태도, 행동에 매달리게 되는데, 이럴 때 효과적인 심적 기제를 발전시키지 못하면 자기파괴적 행동으로 굳어져버리죠.

부모의 애정이나 보호가 부족하더라도 특별히 강한 심성이나 다른 어른들의 도움 덕분에 올바른 해결책을 찾는 경우도 있지만 대부분은 자기파괴적 행동에 매달리고 말죠. 어렸을 때

학대를 받은 사람들은 쉽게 화를 내고 세상에 대한 분노를 쏟아내며, 방치된 상태에서 자란 사람들은 패배감에 빠져 세상으로부터 등을 돌리곤 하죠. 제대로 보호받지 못하면 자신감과 자존감 부족에 시달리게 되고요. 이들 각각은 서로 다른 자기파괴적 유형으로 이어집니다.

이 책을 현명하게 읽는 법

이 책은 일반적인 자기파괴적 행동을 하나씩 다루고 있습니다. 어떤 식으로 자신을 망치게 되는지 알아볼 수 있고 그중 몇몇은 자기 이야기처럼 느껴질 거고요. 저는 일단 이 책을 처음부터 끝까지 읽은 뒤, 현재 자신에게 해당되는 내용을 다시 읽어보라고 권합니다. 그 부분에 집중하면서 제시된 조언도 따라해보세요.

그런 다음에도 이 책을 곁에 두고 참고하길 바랍니다. 그 이유는 두 가지입니다.

첫째, 상황이 바뀌면 대부분의 사람들처럼 당신 역시 새로운 자기파괴적 습관을 갖게 됩니다. 그러면 이전에는 그렇지 않았던 내용이 새로운 의미와 중요성을 띨 수 있기 때문입니다.

둘째, 자기파괴적 행동이 사라졌다고 생각된 후에도 어느 날 갑자기 다시 나타나곤 하므로 계속 주의를 기울여야 합니다. 긍정적인 행동 변화가 천성으로 자리 잡으려면 반복적인 연습이 필요합니다.

각각의 자기파괴적 행동마다 고유한 특성과 해결책을 가지고 있지만, 동시에 공통점도 있지요. 즉 모든 경우에 효과적으로 적용할 수 있는 대응책이 있다는 말입니다. 과거에 자기파괴적 충동을 유발했던 상황에 놓였다고 느낄 때는 다음에 제시하는 순서에 따라 대응하길 권합니다.

나를 멈추는 5단계 습관

자기파괴적 행동은 보통 자동반사적인 반응입니다. 장기적인 결과나 합리적인 대안을 고려하지 않고 행동하는 것이죠. '나를 멈추는 5단계 습관'은 자신에 대한 인식을 높여서 자기파괴적 행동을 방지하기 위해 고안되었습니다. 마음을 제자리로 돌려놓음으로써 반사적·충동적이 아니라 반성적·지성적으로 행동하고 사고하여 최선의 선택을 내리도록 하는 방법입니다.

- 제1단계 : 내 몸 들여다보기

  충동은 일종의 신체적 감각에서 시작됩니다. 잠깐 멈추었을 때 자기 몸의 어디에서 무슨 느낌이 듭니까? 뱃속? 머리? 목? 가슴? 어디인가요?

- 제2단계 : 내 감정 들여다보기

  신체적 감각을 내 감정과 연결해봅니다. '나는 왜 긴장하고 있을까?', '무엇 때문에 화가 날까?', '내가 무엇을 두려워하고 있는가?'라고 스스로에게 물어봅니다.

- 제3단계 : 내 충동 들여다보기

  지금 느끼는 기분이 어떤 행동을 하게끔 만들고 있습니까? 그렇다면 그 행동은 무엇입니까?

- 제4단계 : 행동의 결과 들여다보기

  그 행동을 할 경우 단기적인 측면과 장기적인 측면에서 어떤 결과가 나올지 스스로에게 물어봅니다. 그 행동이 불러올 결과가 바람직하지 않다는 점을 인식하는 것만으로도 억제 효과가 있습니다.

- 제5단계 : 해결책 들여다보기

  어떤 대안이 있는지 스스로에게 물어봅니다. 그중 어떤 해결책이 최선의 결과를 낳을 수 있을까요? 보다 바람직한 행동으로 발생할 좋은 결과를 마음속에 그려봄으로써 변화의 동기를 얻을 수 있습니다.

지금 나는 무엇을 잃거나 얻고 있을까

자기파괴적 행동이 아무리 나쁜 영향을 주더라도 나름의 목적이 있게 마련입니다. 경험해보지 않은 새로운 도전을 위해 그 행동을 그만둔다는 것도 두려운 일입니다. '이렇게 해도 효과는커녕 상황이 더 나빠지면 어쩌지?' 하고 고민하는 것이죠. 이런 상태에서 벗어나려면 당장 포기해버리는 데서 이후 얻게 될 것으로 초점을 옮겨야 합니다. 그러지 않으면 아무리 변화하겠다고 굳게 마음먹어도 어려움에 처하자마자 쉽게 자기파괴적 습관으로 되돌아가게 될 테니까요.

'나는 혼자가 아니야'라는 깨달음

자기파괴적 행동은 외롭고 보호받지 못한 어린 시절의 경험에 기인하는 만큼, 다른 사람들로부터 도움을 받으면 훨씬 쉽게 극복할 수 있습니다. 그 사람들이 실제로 어떤 역할을 할지는 중요하지 않습니다. 직접적인 도움을 받을 수도 있고, 변화하려는 책임감에 지지나 동의를 얻을 수도 있습니다. 중요한 것은 '나는 혼자가 아니야'라는 깨달음입니다. 나를 도와주는 사람들이 있다는 것만으로도 강한 자신감과 결단력을 가질 수 있으니까요.

자신에 대한 확신 강화

자기파괴적 행동은 반복되는 경우가 많습니다. 아무리 굳게 마음먹어도 예전과 같거나 비슷한 상황이 재현되면 반사적으로 과거의 행동에 빠져듭니다. 이런 좌절과 후퇴를 겪더라도 너무 자책하지 말고 자신에 대한 확신을 더욱 강화해야 합니다. 앞으로 똑같은 행동을 한다면 어떻게 대처할지 스스로에게 물어보고, 다음번 상황을 위한 행동계획을 세워보는 것이죠.

자기 보상을 통한 행동 촉진

자기파괴적 행동을 반복할 때마다 자존심에 타격을 입고 스스로를 나약하고 의지력이 약한 사람이라고 느끼게 됩니다. 그와 반대로 자기파괴적 충동을 극복해낼 때마다 상당한 자존감을 얻게 됩니다. 이런 자부심을 잘 활용해야 합니다. 성과에 대해 스스로에게 상을 주면 새로운 행동이 강화되고 변화가 지속되는 데도 도움이 됩니다.

'나를 깨우는 한마디' 활용

보통 일반적인 격언은 마음의 안정과 상황에 대한 이해를 안겨주지만 행동의 불씨를 당기지는 않습니다. 그와 달리 제가 이 책에서 각각의 내용이 끝날 때마다 제시하는 한마디는 실질적이고 지속적인 영향을 주지요. 제 환자들은 이 한마디가 건설적인 변화로 이끌어주었고 이후로도 마음속에 계속 남아 있다고 얘기해주었습니다. '길잡이가 되어준 선물'과도 같았다는 환자도 있더군요. 자신이 고치고 싶은 행동에 해당되는 문구를 욕실 거울이나 냉장고 문에 붙여놓기를 바랍니다. 그 글

귀를 들여다보는 것만으로도 변화에 가까워질 수 있습니다.

나를 바꾸겠다는 결심이 중요하다

저는 여러분이 더 이상 자신을 망치지 않도록 격려하고, 그와 관련된 지식과 방법을 알려주기 위해 이 책을 썼습니다. 하지만 진정으로 나를 바꾸겠다는 마음이 부족하면 아무런 소용이 없습니다.

물론 여기까지 읽은 것만으로도 필요한 용기를 지녔다고 할 수 있습니다. 자신이 스스로의 길을 가로막고 있다고 인정하는 것도 쉽지 않지만, 그런 상황을 자신이 책임지고 변화시켜보겠다고 나서는 것은 더욱 어려운 일입니다. 자신의 문제를 남의 탓으로 돌리거나 상황을 원망하는 건 아무런 도움이 되지 않는다는 것쯤은 이미 깨달았으리라 믿습니다. 자신의 삶을 바꿀 힘은 오직 자신에게만 있다는 점도 이해했겠죠. 이런 책임감이야말로 자기파괴적 행동을 고치는 데 가장 필수적인 요소입니다.

자신의 삶을 더 좋게 바꾸겠다는 결심을 앞으로도 변함없이 유지해나가야 합니다. 그리고 이 책을 읽는 동안 스스로를 솔직하게 바라보아야 합니다. 책이 주는 정보와 조언에 여러분의 솔직함이 더해진다면 자기파괴적 행동에서 벗어나 더욱 만족스러운 미래로 나아가는 자신감과 지혜를 얻을 수 있습니다.

스스로에게 '최대의 적'이 아닌 '최고의 친구'로 거듭나는 여러분이 되길 바랍니다.

제1장

어떻게 해야 내 마음이 편해질까

GET OUT OF YOUR OWN WAY

대체 남들은 왜
내 기분을 이해하지 못할까

어느 누구도 다른 사람을 진정으로 이해할 수 없으며,
누구도 다른 사람을 대신 행복하게 해줄 수 없다.

그레이엄 그린

역사학자 재닛 레이크(42세)는 교재를 쓰기 위해, 재직 중인 대학에서 안식년을 얻었습니다. 그 기간 동안 혼자 고립되지 않으려고 사람들과 자주 모임을 갖고 초대에 모두 응했지요. 그런데 그때마다 남편에게 같이 가자고 통사정해야 하는 게 불만이었습니다. 남편인 로버트는 그런 압력을 사생활 침해로 여겼고 아내가 사람들과의 교류에 너무 집착한다고 나무랐죠. 재닛은 남편이 마지못해 동석하는 경우에도 사람들에게 무례하고 불친절하게 대한다고 불평했고, 반대로 로버트 입장에서는 아내가 무조건 자신을 비난하는 것처럼 보였습니다.

부부가 저를 찾아왔을 때쯤 이 문제는 7년간의 결혼 생활을 위협할 정도로 심각해진 상태였습니다. 각자의 타당한 입장이 있었고 상대가 자신을 이해해야 마땅하다고 생각했습니다. 둘 다 서로를 전혀 이해하지 못하고 있다는 점도 분명했고요. 두 사람의 간극이 너무나 커서 마치 다른 별에서 온 듯했습니다. 더욱 심각한 문제는 상대가 자신을 충분히 이해할 수 있는데도 단지 그러려 들지 않는다고 생각하는 점이었습니다.

'당신은 이해 못해!'

사람들이 서로에게 가장 흔히 퍼붓는 비난입니다. 다른 사람으로부터 이해받지 못하는 건 너무나 화가 나는 일이기에 자신의 입장을 설명하고 또 설명하는 거죠. 그러다가 점차 실망이 분노로 번집니다. 이해받지 못한다는 사실보다 상대방이 이해하려는 노력조차 하지 않는다고 느끼는 게 더욱더 화나는 일이니까요.

우리의 감정은 자기 자신에겐 너무나 명확하게 느껴지기에, 상대방도 당연히 명확히 느끼리라고 여깁니다. 그런데도 이해하지 못하는 건 그냥 고집을 부리거나, 아예 신경 쓰지 않기 때문인 것입니다! 그래서 상대에게 자신을 이해하라고 강요하고, 그러면 상대는 궁지에 몰린 나머지 분노한 사람이 둘로 늘어나게 되죠. 그 전에는 그저 이해할 기분이 아니었을지 몰라도, 이제는 아예 이해하려는 시도조차 하지 않겠지요.

우리가 사실을 개인의 가치와 견해라는 필터로 걸러서 받아들이기 때문에 대상을 제대로 이해하지 못하는 것을 피할 수 없음을 깨닫는 게 중요합니다. 가끔은 다른 사람의 생각이나 감정을 이해하기가 불가능한 경우도 있죠. 그렇더라도 다른 사람의 감정을 느낄 수는 있습니다.

우리는 모두 마음속 깊은 곳에 사랑, 애정, 자존감, 안전, 자기표현 등에 대한 근원적인 욕구를 지니고 있습니다. 이런 욕구가 채워지지 못할 때 분노, 공포, 슬픔, 고통과 같은 감정을 느끼지요. 이러한 보편적 감정에 집중함으로써 '이해'보다 더 깊고 의미 있는 '공감'을 할 수 있습니다. 공감이 무척 값지고 중요한 이유는 적대감을 없애주기 때문입니다. 상대방의 감정을 똑같이 느끼면서 동시에 그 사람에게 화를 내는 건 심리적으로 불가능하지요.

공감을 불러일으키는 효과적인 방법은 유추를 이용하여 한 사람의 기분을 다른 사람의 언어로 옮기는 것입니다. 이 방법을 재닛과 로버트 부부에게 적용하기 위해서 저는 로버트에게 엔지니어링 회사의 디자인실장인 그의 지위와 관계된 상황을 가정해보라고 주문했습니다.

"만약 당신이 중요한 프로젝트를 진행하고 있는데, 당신의 팀원들 중 한 명이 고객들 앞에서 뿌루퉁하고 무례한 태도를 보인다면 기분이 어떻겠습니까?"

그러자 로버트는 팀원의 행동이 자신의 명성을 더럽힐 수 있으므로 화가 나고, 심지어 모욕당한 기분이 들 거라는 점을 인정했습니다. 그렇게 생각해보니 자신의 아내도 비슷한 기분이 들었으리라는 것을 알 수 있었죠. 재닛은 사람들을 한데 모으고 대화를 이끌어가는 데 능숙한 자신의 능력에 자부심을 가지고 있었습니다. 그런 그녀의 눈에 로버트의 무뚝뚝한 태도는 자신의 평판에 좋지 않은 영향을 미치고 그녀의 삶에서 소중한 부분에 위협이 되는 것으로 비쳤던 겁니다. 그녀에게 사람들과의 친교는 로버트에게 사업상의 관계만큼이나 중요하기 때문에, 남편의 비사교적인 행동은 앞서 가정한 상황에서 로버트가 느꼈을 그 감정을 재닛에게 유발했던 것이죠. 여기까지 생각이 미치자 로버트의 태도는 눈에 띄게 부드러워졌습니다.

"내가 미안해."

그는 곧바로 사과했고, 이렇게 이들 부부는 공감의 중간 지점에 도달했습니다.

이번에는 재닛이 남편의 기분을 느낄 차례였습니다. 제가 보니 로버트가 남들과 어울리기를 꺼리는 것은 사람보다 사물이나 숫자를 더 편하게 느끼기 때문이었습니다. 특히 낯선 사람이라면 더하겠죠. 사교적 행사를 별것 아닌 것처럼 대하고 아내에게는 자신에게 참석하기를 강요할 권리가 없다고 항의함으로써 그는 자신의 부족한 점을 감추고 남들과 어울리려고 노력하지 않는 태도를 정당화할 수 있었던 것입니다.

재닛이 남편에게 공감할 수 있도록 돕기 위해 저는 그녀도 똑같이 민감하게 여기는 주제인 부모의 역할을 끄집어냈습니다.

"아이를 유치원에 데려갈 때마다 아이가 사람들 앞에서 아주 불쾌하게 행동한다고 가정해볼까요? 당신이 어떻게 하든간에 아이가 말을 안 듣고 계속 못되게 군다면 어떻겠어요?"

재닛은 그러면 너무 당황할 거라고 답했습니다. 스스로가 너무나 무능력한 엄마처럼 느껴져서 아이와 함께 사람들 앞에 나서기를 피하게 될 거라고요. 로버트가 모임을 피했던 것도 바로 그런 무력감 때문이었죠.

그다음에는 아내에게서 비난을 받는 로버트의 감정에 공감할 수 있도록, 재닛의 엄마가 만약 그녀에게 엄마 노릇을 못한다고 비난하고 결점을 들춰낸다면 어떤 기분이 들겠느냐고 물었습니다. 그러자 재닛은 이렇게 대답했습니다.

"열받고 허둥대다가 미친 듯이 화가 날 거예요."

그것이 바로 사교모임 후 로버트가 느꼈던 감정임을 알려주었습니다.

이 방법으로 재닛과 로버트의 관계가 단번에 치유되었다고 하면 너무 과장한 것일지도 모릅니다. 하지만 이로 인해 둘의 분위기가 '반감'에서 '공감'으로 바뀐 건 분명했습니다. 이제 두 사람은 공통된 이해를 바탕으로 차분하게 마주 앉아 어른답게 서로의 차이점에 대해 의견을 나눌 수 있게 되었습니다.

이 유추법은 사람들이 서로를 이해하지 못할 때 언제든 사용할 수 있는데, 특히 남녀 관계에서 쓸모가 많습니다. 유추의 대상으로 무엇이 더 효과적인지는 남자와 여자가 각각 다릅니다. 남자의 경우 자신의 경력이나 자율성에 관련된 욕구를, 여자의 경우 인간관계나 친교에 대한 욕구를 활용하는 편이 더 효과적입니다. 직업이나 지위, 혹은 가치관에 상관없이 보통 남자와 여자는 각자 다른 측면에서 자신의 존재감을 확인하고 존중받고 있다고 느끼는 것입니다.

감정은 의지보다 강력한 힘을 가졌습니다. 다른 사람들의 기분을 느껴보고자 노력할 때, 또 그들로 하여금 당신의 기분을 느껴보도록 도와주고 싶을 때 앞서 말한 유추법을 활용하여 공감을 불러일으킬 수 있습니다.

나를 깨우는 한마디

사람들이 나를 이해하지 못한다고 생각하면, 그들이 내 감정을 느껴보게 만들어라.

L

- 이해받지 못해서 절망하고 있나요? 사람들을 적대적으로 대하기보다 잠시 멈추었다가 자신을 다른 방식으로 표현해보세요.
- 설교나 비난, 설명을 하려 들지 말고 상대가 당신의 기분을 느낄 수 있도록 유추법을 활용해보길 권합니다.
- 우선 자신의 감정부터 확인합니다. 정확히 어떤 기분인지, 왜 그런 기분을 느끼는지.
- 상대가 지금 당신과 같은 기분을 느낄 수 있는 상황이 무엇일지 생각해보세요. 그 사람의 성격과 환경에 맞는 상황을 가정할 때 유추법의 효과가 가장 잘 발휘됩니다.
- 그런 상황에서 어떤 기분을 느낄지 상대에게 물어봅니다. 비난하려 들지 말고 공정하고 달래는 태도로 얘기하세요.
- 상대가 그 상황에서 느낄 만한 감정을 인정한다면 당신도 비슷한 기분을 경험했다는 것을 툭 던지듯이 알려주세요. "친구들 앞에서 네가 내 험담을 했을 때 내 기분이 바로 그랬어."
- 이번에는 입장을 바꿔서 상대가 느꼈을 기분을 당신이 느낄 법한 상황을 떠올려봅니다.
- 당시 상대의 기분이 어떠했을지 당신이 이해했다는 점을 상대에게 알리세요. 그러면 당신을 향한 반감이 약해지는 모습을 볼 수 있을 테고, 이제 두 사람은 보다 열린 마음으로 대화할 수 있습니다.

화를 내면
왜 항상 내가 더 아플까

주먹을 꽉 쥔 채로는 누구도 제대로 생각할 수 없다.

조지 진 네이션

메리앤은 한 TV 프로그램의 유일한 여성 작가였습니다. 하지만 여성이라서 문제가 된 적은 없었습니다. 늘 남자들과 똑같은 대우를 받았죠. 그러다 출산휴가가 끝나고 복귀하자 그녀는 자신의 아이디어가 더 이상 진지하게 받아들여지지 않으며, 새로 주어지는 일들이 자신의 경험이나 능력에 걸맞지 않는다고 느꼈습니다. 마치 휴가를 떠난 사이에 좌천이라도 당한 것만 같았죠.

메리앤이 모유수유를 하면서 문제는 더욱 심각해졌습니다. 모유를 짜서 용기에 담기 위해 잠깐 자리를 비울 때마다 동료들 중 누군가가 "음메!" 하는 큰 소리를 냈고 그사이 다른 사람들은 가슴에 관한 농담을 주고받았죠. 그녀는 너무 화가 났지만, 그런 모습을 보였다가 자칫 여성호르몬 때문에 사람들과 잘 지내지 못한다느니, 농담도 받아줄 줄 모른다느니 하는 편견을 되레 강화시키는 역효과를 낳을까 걱정되었습니다. 화를 낸다면 예전과 같이 존중받는 직원이 되려는 목적도 달성하기 어려워질 테고요.

물론 메리앤의 생각이 옳았습니다. 화를 내면 일시적으로 마음이 풀릴 수야 있겠지만, 나중에 후회할 일을 저지를 가능성이 높을 뿐더러 도덕적인 우위마저 잃을 수 있습니다. 반대로 화를 억누르는 쪽도 위험하기는 마찬가지입니다. 감정이 속으로 곪아서 우울증이나 심리 질환으로 이어질 수도 있으니까요.

저는 메리앤에게 세 번째 방법을 제안했습니다. 바로 '분노를 신념으로 바꾸고 원칙에 따라 행동하라'고요. 그럼으로써 효과적으로 행동할 수 있는 명확함과 용기, 강인함으로 무장할 수 있습니다.

저는 그녀에게 동료들이 어떤 원칙을 위반했는지 생각해보고 그 원칙들을 당당히 내세울 수 있는 방법을 찾아보라고 조언했습니다. 그래서 적절한 때가 왔을 때 메리앤은 사람들 앞에서 이렇게 얘기했습니다.

"우리 모두 우리가 프로답게 행동하고 서로를 동등하게 대우해야 한다는 점에 동의할 거예요. 그러니 만약 여러분이 제가 아이에게 모유를 먹이는 게 프로답지 못하다고 생각한다면, 더는 그러지 않겠습니다. 단, 한 가지 조건이 있어요. 여러분도 사무실에서 개인적인 통화를 하거나, 어떤 데이트를 했는지 잡담하거나, 회의 중에 축구 이야기 하는 걸 그만두세요. 이에는 이, 눈에는 눈이죠. 웃자고 하는 말이 아닙니다."

신념에 따라 (약간의 유머를 곁들여서) 행동함으로써 메리앤은 자신의 품위를 잃지 않으면서 동료들의 불쾌한 행동을 멈추게 할 수 있었습니다. 이후 자신에게 중요하지 않은 일들만 주어졌던 문제 등도 진실하고 강인한 자세로 제기할 수 있게 되었지요. 만약 메리앤이 상처받은 듯 행동하거나 방어적인 자세로 일관했다면 그녀의 불만은 무시되기 십상이었을 테고 사람들은 그녀를 점점 더 존중하지 않게 되었을 것입니다. 아마 자기 자신으로부터도 존중받지 못했겠지요.

개인적인 감정을 초월하여 중요하게 여기는 가치를 지킬 때마다 우리는 보복의 짜릿함보다 훨씬 더 중요한 것을 얻을 수 있습니다. 용기, 그리고 신념의 힘을.

나를 깨우는 한마디

분노는 나를 사납게 만들지만
신념은 나를 강인하게 해준다.

나를 불쾌하게 하는 동료, 절대 뜻을 굽히지 않으려는 파트너, 말을 듣지 않는 아이나 뻔뻔하게 나를 괴롭히는 사람들을 상대할 때 분노를 신념으로 바꾸는 방법은 다음과 같습니다.

- 우선 마음을 가라앉혀야 합니다. 충동적으로 행동하고 싶은 기분을 억누르고 잠시 시간을 두고 상황을 살펴봅니다.
- 무엇 때문에 화가 났는지 스스로에게 물어봅니다. 대개 불공평하거나 불합리하다고 여기는 문제 때문일 것입니다.
- 상대가 어떤 원칙을 위반했는지 파악한 뒤 그 원칙에 대한 자신의 신념을 말로 정리합니다.
- 그 원칙들을 지키기 위한 최선이자 가장 창의적인 방법이 무엇인지 결정하여 실행합니다.

언제나 나만 옳다고 우겨야 직성이 풀려

인생을 거의 다 살고 난 뒤에야
'몰라요!'라고 하는 게 얼마나 쉬운지 알게 되었다.

— 윌리엄 서머싯 몸

어느 커뮤니케이션 전문가가 '얼간이'와 '멍청이'를 어떻게 구분하는지 재치 있게 언급한 적이 있습니다.

"자기가 무슨 말을 하는지도 모르면서 다 아는 체하는 사람은 얼간이. 그런데 자기가 무슨 말을 하는지 정확히 알면서도 여전히 다 아는 체하는 사람은 멍청이다."

무슨 말을 하는지 알든 모르든, 자신이 항상 옳다며 뭐든지 다 안다는 듯이 구는 것도 자기파괴적 행동 중 하나입니다.

한 잡지사에서 부편집장으로 일하던 톰은 인생이 무너질 위기 앞에서 저를 찾아왔습니다. 첫 번째 위기는 늘 원해온 승진에서 탈락한 일이었습니다. 상사는 톰에게 '다른 사람들과 잘 어울리지 못한다'는 승진 탈락 이유를 말해주었지요. 그가 항상 사람들에게 가르치려고만 든다는 것이었습니다. 두 번째 위기는 더욱 심각했죠. 아내가 이혼을 요구해온 것입니다. 심지어 언제나 자기만 옳다고 생각하는 오만한 멍청이라고 욕하면서.

톰의 부모는 알코올중독자였고 걸핏하면 이성을 잃고 다투었는데, 그 때문에 톰은 자신에게 무슨 문제가 있다고 생각하며 자랐습니다. 그렇게 어른이 된 그는 타인과의 인간관계에서 딱 두 가지를 얻고자 했습니다. 우선 자신이 옳다는 것을 보여야 했고(곧 절대 틀려서는 안 됐고), 자신이 항상 그 관계를 지배해야 했던 것입니다.

톰과 처음 만났을 때 저는 그와 대화나 의논을 해보려 했지만, 이내 논쟁으로 변해버리곤 했습니다. 그래서 전략을 바꿨습니다. 톰이 자기 마음대로 말하도록 놓아둔 거죠. 그렇게 몇 차례 만나고 나자 그는 저에게 왜 자신이 말할 때 끼어들지 않느냐고 묻더군요.

"당신이 할말이 너무 많은 것 같아서요."

그렇게 대답하자 그는 잠시 당황하는 듯하더니 금방이라도 덤빌 기세로 돌변했다가, 이내 소심하게 고개를 떨어뜨리며 내뱉었습니다.

"내가 뭐하는 짓인지……."

그에게 귀를 기울이고 말을 가로막지 않음으로써 저는 그의 젠체하는 행동이 불러올 수 있는 대립 구도를 피한 것입니다. 톰이 말썽을 일으키는 건 상대와의 주도권 싸움에서 이기기 위해서였습니다. 하지만 원래는 심성이 고운 인품이었기에 자신이 사랑하고 존경하는 사람들이 그를 거만하고 독선적이며 무례하다고 여긴다는 사실을 견딜 수가 없었던 거죠. 그야말로 바닥을 친 이제야 비로소 그는 자기 자신을 솔직하게 바라볼 수 있게 되었습니다.

톰은 마침내 깨달았습니다. 항상 자신이 옳아야 직성이 풀리는 대부분의 사람들처럼 자신의 행동 역시 스스로를 지키기 위한 방편에 불과했다는 것을. 그의 마음속 깊숙한 곳에는 세상 사람들이 자신에게 '당신은 자신이 무슨 말을 하고 있는지도 모르잖아!'라고 비난한다는 생각이 자리 잡고 있었던 거죠. 자신이 옳다는 걸 증명하려 했다기보다 자신이 틀리지 않다는 걸 보여주고 싶었을 뿐입니다. 하지만 사람들과 대립각을 세우는 그의 태도는 방어가 아닌 공격으로 받아들여졌죠. 마치 모두가 자신의 의견에 동의하거나 따라줘야 한다고 생각하는 듯 보였기 때문에, 사람들에게 '나는 틀리지 않아'가 아니라 '당신이 틀렸어'라는 메시지로 인식되었습니다.

당신이 공격을 받지 않았는데도 무조건 자신을 방어하는

태도를 보이면, 오히려 상대방은 자기가 공격받았다고 느낄 수 있습니다. 그래서는 자기주장이 강한 사람으로 존경받기는커녕 독선적이고 지루한 사람으로 취급받기 십상이죠. 엄청나게 똑똑한 사람이라서 직장에서 재능과 성과를 발휘한다면 그런 행동이 용인될지도 모릅니다. 하지만 어떠한 실수를 한다면 절대 누구도 눈감아주지 않을 것이고 누구도 도와주려 하지 않겠지요. 당신이 도움을 받으려 하지 않을 거라고 여기거나, 혹은 당신이 망가지는 모습을 보고 싶으니까요.

톰과 달리, 모든 걸 다 아는 체하는 사람들 중 대다수는 이런 점을 끝내 깨닫지 못합니다. 무엇보다도 자신이 항상 옳다고 생각해서는 새로운 것을 배울 수 없습니다. 자신이 다 안다고 생각하는 사람이 과연 뭔가를 배우려 할까요? 아는 체와 배움, 이 두 가지는 결코 양립할 수 없습니다.

자신이 항상 옳아야 한다는 태도는 그야말로 옳지 않은 것입니다. 공정하지 않을 뿐더러 사실상 불가능하죠. 그렇게 해서 얻을 수 있는 건 권력과 존경이 아닌 경멸밖에 없습니다. 반대로 가끔 틀리더라도 당신의 가치가 떨어지는 건 아닙니다. 오히려 보다 인간적이고 가까이하기 편한 사람이 되게 해줍니다.

나를 깨우는 한마디

누구도 나를 공격하지 않는데
방어만 하려 들면 공격으로 여겨질 뿐이다.
자신이 항상 옳다고 생각하면
새로운 것을 배울 수 없고 경멸받게 된다.

𝓛

- 자신이 옳다는 것을 증명해야겠다는 생각이 든다면, 먼저 스스로에게 물어봐야 합니다. 과연 그렇게 해서 다른 사람들에게 상처와 분노를 주는 걸 감수할 만큼의 가치가 있을까요?
- 사람들이 어떻게 반응하는지 살피세요. 당신이 모든 걸 다 아는 체하면 상대방은 맞서거나 슬슬 물러나겠죠. 그러다가 결국은 당신을 피할 것입니다.
- 자신이 틀리지 않았음을 증명하려다가 다른 사람들이 틀렸다고 느끼게 만들어서는 안 됩니다.
- 다른 사람들의 의견과 관점도 가치가 있음을 인식하고 인정해줘야 합니다.
- 만약 누군가의 기분을 상하게 만들었다면, 당신의 잘못을 인정하는 것이 관계를 회복하는 최선의 길입니다.
- 자신이 옳지 않음을 인정했을 때 어떤 기분이 들지 생각해봅니다. 자신을 잘 다스릴 수 있을 것 같나요? 꼭 명심해야 합니다. 그렇게 해야 다른 사람들이 당신으로부터 멀어지지 않는다는 것을.
- 모든 걸 다 아는 체하는 사람이 되기보다 모든 걸 알려고 노력하는 사람이 되어야 합니다. 남들은 어떻게 생각하는지, 이 상황에서 무엇을 해야 하는지, 그 모두를 고려하는 사람이.

반항을 위한 반항에서 벗어나지 못해

모든 금지 표지판에 대한 사람들의 반항심은 경이롭기까지 하다.

칼 샌드버그

얼마 전, 한 정신의학학회에서 대학 시절의 친구와 우연히 마주쳤습니다. 그 시절 테드는 누구나 인정하는 똑똑한 학생이었고, 자신의 부모님처럼 정신과의사가 되기 위해 대학원에 진학한 줄 알았습니다. 그런데 뜻밖에도 그는 의사가 아니라 정신병원에서 행정직으로 일했고, 자신도 그 점을 떳떳치 않아 하는 눈치였습니다.

테드는 자신이 단지 부모님을 기쁘게 해드리기 위해 공부해왔다는 걸 깨닫고 대학원을 중퇴했다고 말했습니다. 자기 운명의 주인공이 되기 위해 '이유 있는 반항'에 나선 셈이었지만,

불행히도 그의 반항은 마땅한 출구를 찾지 못했습니다. 서점에서 일하며 작가의 길을 꿈꿨지만 실패로 돌아갔고, 대학가에서 작은 빵집을 열기도 했죠. 몇 년 동안은 소박한 삶에 적응하며 그럭저럭 지냈지만, 점차 나이가 들고 가정을 꾸리게 되자 삶에 대한 불만이 마치 허리둘레처럼 늘어만 갔습니다. 근근이 먹고사는 생활이 너무 지겨워진 그는 결국 부모님의 연줄을 통해 정신병원의 행정직 자리를 얻게 된 것이었습니다.

주변에서 보면 나름 다들 부러워할 만한 커리어를 쌓아왔지만, 정작 테드 자신은 만족하지 못하고 있었습니다. 그가 제게 고백하듯 말했습니다.

"의사들과 어울려서 환자들 사례를 얘기할 때만 정신이 바짝 들어. 논문도 계속 보고 있고, 때로는 정신과의사들보다 더 좋은 아이디어가 떠오르지만 아무도 내 말을 제대로 들어주지 않더라고."

분명히 테드는 학창 시절에 내렸던 결정을 후회하고 있었습니다.

"평생의 천직을 그때 놓쳐버렸는지도 몰라. 난 정말 좋은 정신과의사가 될 수 있었을 텐데."

당시 그는 자신을 의사가 되게 하려던 부모님에게 반항하면서 마음속으로 '저한테 이래라저래라 하지 말아요!'라고 외쳤을 것입니다. 하지만 안타깝게도 그 와중에 자기 내면의 목소리마저 같이 묻혀버렸던 거죠.

부모로부터 '이렇게 살아야 해'라고 강요받는 아이들은 종종 혼란에 빠집니다.

'내가 지금 하는 일이 나 자신을 위한 걸까, 부모님을 위한 걸까? 이게 정말 내가 원하는 걸까, 부모님이 정한 길을 따라가고 있을 뿐인 걸까?'

이렇게 자유의지가 위협당하는 상태에서는 무엇이 자신에게 맞는 일인지 파악하는 것보다 독립을 주장하는 일이 우선시됩니다. 선택의 결과가 어떻게 나오느냐보다 자기가 그러한 선택을 했다는 확신을 갖는 게 더 중요해지죠. 때로는 이런 독립적 의지가 더 만족스러운 삶이라는 보상을 안겨줍니다. 하지만 부모의 기대가 아이의 성향 및 방향과 일치하는 경우에는 스스로에게 반항하는 결과를 낳아 그야말로 '반항을 위한 반항'으로 끝나고 말지요.

이런 유형의 자기파괴적 행동은 부모에게 반항하는 아이들에게만 국한되지 않습니다. 마치 상사라도 되는 양 행동하는 배우자에게 계속해서 맞서는 남편이나 아내를 저는 수없이 보았습니다. 사업 파트너끼리도 자주 일어나는데, 특히 가족 소유 회사의 형제가 서로의 요구 사항을 두고 맞서느라 사업에 해를 끼치는 사례도 많습니다. 이런 경우 공통점은 요구받은 일을 하기 싫은 게 아니라 그 일을 '해야 한다'는 것 자체가 싫은 거죠. 억지로 강요당한다는 건 자신의 자존감을 해치고 존엄을 갉아먹는 일이니까요. 마치 힘없는 어린아이로 되돌아간 듯한 느낌을 받는 겁니다.

누군가를 만족시키려는 것이 아니라 자기 스스로 선택해서 행동한다고 느낄 수 있어야 합니다. 그것이 문제 해결의 열쇠입니다. 그러므로 다른 사람의 바람을 거부하고픈 마음이 들 때, 혹시 자기 자신의 바람마저 내팽개쳐버리는 건 아닌지 유의해야 하죠. 그 차이를 분간하려면 자신의 마음속에 명확하고 바람직한 대안을 가지고 있는지 살펴봐야 합니다. 예를 들어 앞서 말한 테드가 작가가 되려는 진정한 열정을 가지고 있었거나 빵집 운영이 정말 꿈이었다면, 대학원을 그만둔 게 실수가 아니었을 수도 있는 것입니다.

나에게 요구하려고만 하는 배우자나 동료를 다룰 때는 무조건 저항하거나, 내키지 않는데도 마지못해 따라주기보다 잠시 멈춰서 그 요구가 과연 '정당하고 합리적인지'부터 따져봐야 합니다. 만약 그렇다면 그 행동을 당신이 '선택'하면 됩니다. 그렇지 않다면 싫다고 말하거나, 호의를 베푸는 셈치고 요구를 들어주되 당신이 그에 대한 보답을 바란다는 점을 명확히 알려줘야겠지요. 그리고 적절한 때를 골라 억지로 강요받아서는 당신의 의지대로 선택할 수 없다고 상대방에게 설명해주는 게 좋습니다. 제 환자들 중 한 명은 남편에게 이렇게 되돌려주었습니다.

"나도 어른이야. 두렵거나 겁먹었다는 이유로 어떤 일을 하고 싶진 않아."

저항은 때로 숭고하고 용감한 행위일 수 있습니다. 하지만 스스로 자립하겠다는 명분 탓에 자신이 원하는 길을 방해한다면, 그로부터 얻는 만족은 오래가지 못할 것입니다.

나를 깨우는 한마디

스스로 선택한 결과라면,
어떤 일을 해야 한다고 화가 나지는 않을 것이다.

ℒ

- 다른 사람이 어떤 일을 하라고 압박한다면, 우선 그 요구가 공정하고 합리적인지부터 따져봅니다.
- 그들이 강요하는 일을 하는 것이 타당한지 최대한 객관적으로 분석하려고 노력합니다.
- 자신에게 '만약 저들이 생각을 바꾸거나 내일 당장 사라져버린다고 해도, 과연 나는 원래의 요청대로 이행할 것인가?'라고 물어봅니다. 물론 처음부터 뾰족한 답을 내놓지 못할지도 모르지만, 이런 식으로 계속 생각하다 보면 당신이 진정으로 원하는 것이 마음속 깊은 곳에서 솟아오를 것입니다.
- 원래 자신이 가졌던 꿈이 다른 사람들의 기대와도 일치하는 경우라면, 적극적으로 그것을 '선택'하는 쪽으로 마음가짐을 전환시켜봅니다. 그러면 누군가의 뜻대로 움직이는 것이 아니므로 본인의 자존감도 충분히 지킬 수 있습니다.

전혀 괜찮지 않은데도 괜찮은 척 연기해

힘들더라도 진실을 말하라. 거짓말이 괜찮은 경우란 없다.
거짓말을 요구하는 잘못은 두 배로 자라난다.

조지 허버트

철물점 관리인인 존(43세)은 시골에 사는 부모님이 곧 자신을 보러 온다고 말했습니다. 저는 그에게 부모님을 뵙고 싶으냐고 물었죠.

"뭐, 오시면 좋죠."

"왠지 말에 힘이 없네요?"

"그게…… 두 분은 늘 말다툼을 하고 제가 하는 일에 반대부터 해요. 하지만 이미 70대니까 살아 계신 것만도 다행이죠."

저는 존에게 속마음을 털어놓게 했습니다. 결국 그는 부모님의 방문을 견딜 수 없다고 인정했죠.

"아주 진이 빠진다니까요. 저뿐만 아니라 부모님도 힘들어 해요."

부모님을 만날 때면 존은 시무룩하고 뿌루퉁한 표정으로 입을 다물곤 했습니다. 부모님이 "뭐가 문제니?" 하고 물으면 "아뇨, 괜찮아요"라고 할 뿐이었죠. 뭔가 잘못되었다는 사실을 자기 자신에게조차 인정하지 못했던 겁니다.

이런 식으로 문제를 부인하는 건 흔한 현상입니다. 자신이 화가 났고 고통스럽다는 사실을 스스로 인정하는 순간 우리는 나만의 비밀이 폭로된 듯한 기분을 느낍니다. 나쁜 감정의 존재를 인정하면 그 힘이 더 강해질까봐, 도저히 견딜 수 없어지게 될까봐 두려운 거죠. 실제로는 그 반대인 경우가 많습니다. 자신의 감정을 인정하면 억눌렸던 긴장이 해소되고 기분이 나아지니까요.

또한 '기분이 나빠'라고 말하면 누군가를 비난하게 될까봐 두려워합니다. 그 대상이 남이라면 그에게 보복해야 할 테고, 그 대상이 자신이라면 수치심을 느낄 거라고. 반드시 어떤 조치를 취해야 한다는 생각만으로도 겁을 먹습니다. '상황을 나아지게 만들 능력이나 지혜가 부족하면 어쩌지?', '자칫 위험한 일을 하게 되면 어떡하지?' 등과 같은 고민이 머릿속에 가득 차게 되죠. 그래서 차라리 자신의 기분이 나쁘다는 것을 아예 처음부터 인정하지 않는 게 훨씬 낫다고 결론지어버리는 것입니다.

제가 존에게 말했던 것처럼, '기분이 괜찮다'고 해서 정말 괜찮은 건 아니라는 것을 깨달아야 합니다. 오히려 자신의 감정을 부정하고, 기만하고, 억압하지 않고 제대로 느낄 수 있어야 정말 괜찮다고 할 수 있죠. 정신적으로 건강한 사람은 자신이 마땅히 느껴야 할 감정을 있는 그대로 경험합니다. 화가 나면 분노를 느끼고, 슬플 때는 슬픔을 느끼는 사람. 이런 감정을 솔직하게 인정하고 받아들이는 것이 기분을 나아지게 하는 첫 걸음이죠.

기분이 나쁘다는 것을 인정한다고 해서 그 감정을 어떻게든 처리해야 한다는 건 아닙니다. 오히려 자기 자신에게 기분이 나쁘다고 인정하면 행동에 나서야 할 필요가 줄어듭니다. 성급히 행동해서 상황을 더 악화시킬지도 모르는 충동을 억제해주니까요.

저는 존에게, 부모님이 잔소리하기 시작하면 스스로에게 '난 지금 내가 느끼는 이 기분이 싫어'라고 말해보라고 조언했습니다. 존은 왜 그래야 하는지 모르겠다는 표정을 지으면서도 한번 시도해보겠다고 약속했죠. 그리고 다음에 만났을 때 그는 이렇게 말했습니다.

"제 자신에게 '지금 이 기분이 싫어'라고 말하자마자 기분이 한결 나아졌어요."

그는 부모님이 자신을 화나게 해도 뿌루퉁하게 대하거나 무조건 피하지 않고도 폭발하지 않았습니다.

기분이 나쁘다는 걸 스스로에게 인정하는 것은, 타인에게 그 점을 표현하기 위한 전제 조건과도 같습니다. 자신의 어려움을 숨기려 하다 보면, 자신에게 도움을 줄 수 있는 바로 그 사람들을 피해야 하거나 그들에게 거짓말을 해야 하는 결과로 이어지니까요. 또 자신을 감추면 도움을 받을 수 없을 뿐더러 더욱 심각한 악순환을 초래합니다. 그 때문에 점점 더 불안해지고 방어적으로 행동하게 될 테고, 그러면 주변 사람들도 짜증나게 될 테고, 내 기분이 나쁜데 남이 화내는 이유가 이해되지 않으니 결국 내 기분은 더욱더 나빠지게 되겠죠.

자신이 괜찮지 않다는 것을 인정하려면 일종의 맹신盲信이 필요합니다. 자신의 기분을 인정해서 잠깐 불편한 마음이 드는 편이 억압과 회피로 인한 장기적 피해보다 더 낫다는 걸 억지로라도 믿어야 합니다. 그럼으로써 실제로 상황이 더 나아질 때까지 버틸 수 있는 용기를 얻게 되니까요.

나를 깨우는 한마디

기분이 나아지려면
기분이 나쁘다는 사실부터 인정해야 한다.

𝓛

- 다음번에 기분이 나빠질 때는 마음속으로 내 기분이 나쁘다는 사실을 받아들이세요. 그렇게 인정하는 것만으로도 마음을 가라앉히고 성급하게 반응하지 않는 데 도움이 됩니다.
- 자신의 감정에 라벨을 붙여 표현해봅니다. 그렇게 해서 덜 위협적이고 내가 다룰 수 있는 대상으로 만드는 거죠. 라벨을 붙여 표현하면 한결 쉽게 길들일 수 있습니다.
- 최대한 구체적인 라벨을 붙입니다. 처음 시작할 때는 '나 지금 화났어' 정도여도 괜찮지만 '절망감이 느껴져'나 '희망이 전혀 없어'처럼 좀 더 정확하게 구분하여 표현하는 것이 좋습니다.
- 자신의 기분이 나쁘다는 것을 다른 사람에게 알리려면, 어떻게 나쁜지 정확히 표현해야 합니다. 예를 들어 '너무 기분이 나빠서 ___________하고 싶어져'라고 말하는 것입니다. 즉 그냥 직접적으로 '말하기'보다 구체적으로 자신의 감정을 '보여줌'으로써 상대가 내 기분을 더 잘 이해하도록 만들어주는 거죠. 그러면 사람들이 당신에게 더 귀를 기울이고 공감하게 됩니다.

강박적이고 충동적인 행동에서 벗어날 수 없어

나는 강박의 굳센 손아귀에 붙들렸다.
한밤중이라도 집 안을 청소하지 않을 수 없도록
여자들에게 강요하는 그 어둡고 때아닌 충동에.

— 제임스 서버

때로 심한 압박을 받으면 우리는 마치 낭떠러지 끝에 올라서기라도 한 듯 언제든 발을 헛디뎌 떨어질 것만 같은 느낌이 듭니다. 그런 위기 상황에 몰리면 우리의 마음은 다른 곳으로 관심을 돌리려 하지요. 그래서 뭔가 뜻대로 제어할 수 있을 것 같은 일에 집중하게 되는 겁니다. 그런데 이런 방어기제가 너무 강력하게 작동하면 강박적 사고나 행동으로 이어집니다. 이 증세는 생물처럼 저절로 자라나면서, 아이러니하게도 우리를 더욱 무기력한 상태에 이르게 만들곤 하죠.

너무 강력한 감정을 생각으로 전환하려는 무의식적인 시도를 '강박强拍적 사고'라고 합니다. 불편함이 가실 때까지 사고 패턴을 계속 반복하여 마음속 관심을 다른 데로 돌리려 하는 거죠. 하지만 물속에 서서 헤엄치려고 할 때처럼 에너지만 잔뜩 소비하고 별다른 효과를 내지 못하고 맙니다.

시간이 지날수록 강박적 사고는 점점 강해져서 일정 수준을 넘어서면 정신적 에너지가 넘쳐흘러 행동으로까지 번집니다. 이것을 '강박적 행동'이라고 부릅니다. 예를 들어 백화점에서 아이가 길을 잃어버렸습니다. 갑자기 혼자가 되어 누구도 보호해주는 사람이 없다는 공포에 휩싸인 아이는 엄마가 돌아올 때까지 두려움을 이겨내기 위해 우두커니 서서 자기 신발만 내려다보게 됩니다. 그러다 강박적 사고가 행동으로 번질 정도로 커지면 자기 신발을 손으로 문지르기 시작하는 거죠.

우리 주변에서도 이런 패턴의 성인 버전을 쉽게 볼 수 있습니다. 스스로를 실패자로 여기고 빨리 부자가 되어야 한다는 생각에 사로잡혀 강박적으로 도박에 빠져드는 사람. 자신이 못생겼다고 여기고 집의 외관에 집착한 나머지 집을 꾸미는 데 강박적으로 매달리는 사람. 내면이 텅 빈 듯한 느낌 때문에 스스로를 채우기 위해 강박적으로 음식물을 섭취하는 사람도 있죠.

이런 강박증을 해결하는 열쇠는 그 원인을 제공한 고통이나 두려움에 정면으로 맞서는 것입니다. 일반적으로 근원적인 문제를 오래 피할수록 더 무기력해지고 강박증의 강도는 점점 세집니다. 가장 좋은 방법은 이 과정을 거꾸로 되짚어가는 겁니다. 우선 강박적 행동을 멈춥니다. 손 씻기, 집 안 청소, 바람직하지 않은 상대와의 섹스, 그 무엇이든. 물론 쉽지 않은 일입니다. 중독 증세에서 벗어나려 할 때와 같은 불안감이 엄습해 올 수 있죠. 왜냐하면 강박적 행동이란 어떤 의미에서는 잘못된 상황 대처 방식에 중독된 것이나 마찬가지니까요.

강박적 행동을 멈추면 우리의 시스템은 그 이전의 강박적 사고를 다시 불러낼 테지요. 더 이상 행동으로 분출되지 못하는 강박적 사고는 점점 더 강해져서, 마침내 처음 그 패턴을 만들게 한 핵심적 감정과 마주하게 될 것입니다. 이렇게 강박의 근원으로 거슬러 올라가는 과정을 참아낼 용기가 있다면 지금껏 피해온 고통 혹은 두려움을 명확히 볼 수 있는 것이지요.

제가 경험했던 두 가지 사례를 살펴보겠습니다.

항공우주업계에서 엔지니어로 일하는 조는 자신의 컴퓨터 파일에 강박증을 갖게 되었습니다. 컴퓨터 바이러스 때문에 파일들이 파괴될 위험이 있다고 생각했죠. 그래서 강박적으로 컴퓨터에 백신 프로그램을 깔았고 파일 보호를 위해 정교한 시스템을 설치했습니다. 마침내는 일하는 시간보다 컴퓨터를 지키는 데 쏟는 시간이 더 많은 지경에 이르렀죠. 저와 상담한 끝에 조는 그다음 날 아침부터 그 행동을 그만두기로 약속했습니다. 그러나 바이러스에 대한 생각을 떨칠 수 없었던 나머지 회사를 조퇴하고 저를 찾아왔죠. 우리는 그가 정말로 두려워하는 것이 무엇인지 찾아보기로 했습니다.

사실 그가 일하는 항공우주업계에는 대량 해고 바람이 불고 있었고, 조도 일자리를 잃지 않을까 걱정했죠. 그 밑바탕에는 아버지의 전철을 밟게 되는 건 아닌가 하는 두려움이 깔려 있었습니다. 그의 아버지가 오랫동안 일한 직장에서 해고된 뒤 정신병원에서 갇혀 지냈던 겁니다. 자신을 괴롭혀온 공포와 불안의 진정한 실체를 알게 되자 조는 쓸모없는 강박증에서 벗어나 자신의 가치를 높이는 일에 적극적으로 임할 수 있게 되었습니다.

아이린은 남편 없이 혼자서 아이들을 키우느라 평일에 늦게까지 일해야 했습니다. 그 보상 심리로 주말이 되면 강박적으로 가족 활동을 만들곤 했죠. 그런데 이제 성장한 아이들이 언제나 자기들과 함께하려 하는 엄마의 강요를 거부하기 시작한 겁니다. 저는 아이린에게 다가오는 주말에는 아무 일도 계획하지 말라고 설득했습니다. 금요일이 다가올수록 아이린은 점점 더 불안해졌고 결국은 자신의 핵심적 문제에 정면으로 맞닥뜨리게 되었습니다. 사실 그녀는 사랑하는 사람들과 진심으로 감정을 교류하지 못한 자기 어머니처럼 살게 될까 두려웠던 겁니다. 애정 어린 보살핌을 받지 못했던 두려움을 인정하고 받아들임으로써 아이린은 자녀들에게 덜 집착하면서도 친밀한 관계를 맺는 데 필요한 단계를 밟아나갈 수 있었지요.

강박적 사고와 그에 수반되는 강박적 행동의 사슬을 끊기란 쉽지 않습니다. 특히 강박적 패턴이 이미 굳어진 뒤라면 더욱 어렵죠. 그럼에도 인생으로부터 도망치지 않고 인생을 경영하려면 반드시 해야 하는, 그리고 할 수 있는 일인 것입니다.

나를 깨우는 한마디

강박적 사고와 행동은
고통과 두려움을 미뤄줄 뿐, 극복해주지는 못한다.

𝓛

- 계속해서 떠오르지만 건설적인 행동으로 이어지지 못하는 생각을 하나하나 적어보면 자신이 어떤 강박적 사고를 가졌는지 알 수 있습니다.
- 순간적으로는 안도감을 주지만 나중에는 죄책감을 안기거나 또 다른 문제를 야기하는 반복적인 행동을 열거함으로써 자신의 강박적 행동을 찾아낼 수 있습니다.
- 다음에 이런 사고나 행동에 빠져들려고 하면 스스로 멈춰보겠다고 자신과 약속하세요.
- 혼자 힘으로 도저히 강박적 행동을 끊을 수 없다면 의사나 성직자, 친구의 도움을 받아야 합니다. 이 단계에서는 자기 옆에서 도와줄 믿을 만한 사람이 꼭 필요합니다.
- 원치 않는 행동에 빠져드는 자신에게 '오 이런, 깜빡했네. 이제 이걸 그만두기로 했지!'라고 말하세요. 이런 간단한 주문을 통해 자기파괴적 행동에 빠지지 않겠다는 약속을 떠올리면 됩니다.
- 강박적 행동을 그만두면 긴장감이 높아집니다. 이때의 육체적·정신적 감각을 잘 파악해두고, 스스로에게 어떤 기분이 어디서 느껴졌는지 물어봅니다.
- 자신의 감각을 파악한 뒤 문장으로 완성해보세요.

  – '이런 기분이 들 때는 __________하고 싶어져.'

𝓛

– '내가 그 행동을 하면, 그 결과는 ________일 거야.'

– '지금은 ________하는 편이 더 나을 거야.'

- 강박적 사고나 강박적 행동에 굴복하지 않을 때마다 스스로에게 상을 주도록 합니다. 물론 더 이상 강박적 사고와 행동에 끌려다니지 않는다는 점만으로도 충분한 보상이겠지만요.

주의 여기서 논의된 강박적 사고와 행동을 '강박장애obsessive-compulsive disorder'와 혼동해서는 안 됩니다. 강박장애는 꼭 치료받아야 할 심각한 정신과 질환입니다.

온 세상이 일부러 나만 괴롭히는 것 같아

사람들이 무례하게 문을 쾅 닫는 이유는
당신이 아니라 방금 만났던 사람 때문이다.

F. 스콧 피츠제럴드

"얘들아, 좀 조용히 하랬잖아!"

노동 전문 변호사인 모린(43세)이 그렇게 소리치며 뒷좌석에 앉은 아이의 손목을 향해 팔을 뻗는데, 갑자기 차가 방향을 잃고 차선을 넘나들다가 하마터면 따라오는 트럭과 부딪힐 뻔했습니다. 이렇게 위험천만한 순간이 지나자 아이들이 조용해지긴 했지만 자칫 목숨을 잃는 사고로 이어질 수도 있었죠.

이 일에 너무 화가 난 모린은 저를 찾아와 자신이 미워 죽겠다며 스스로에 대한 비난을 폭포처럼 쏟아냈습니다.

"절 좀 보세요. 노조를 대변하는 잘난 변호사라면서 제 자식들도 다루지 못하고 죽일 뻔했다고요!"

그래서 저는 그녀에게 자신을 공격하는 상대편 변호사에게 어떻게 맞서느냐고 물었습니다. 그녀가 대답했습니다.

"그걸 개인적으로 받아들이지 않죠. 그게 저를 향한 공격이라고 여기면 명확하게 판단할 수 없으니까요."

그녀의 말에 이미 완벽한 해답이 있었습니다. 모린은 아이들이 일부러 자신을 화나게 하려고 말을 듣지 않았다고 여겼기에 자신이 차 안에서 그렇게 반응했다는 점을 깨달았지요. 사실 아이들은 엄마에게 맞서려는 게 아니라 온종일 교실에 앉아만 있느라 억눌렸던 에너지를 발산했을 뿐이었습니다. 저는 또 그런 일이 벌어진다면 차분하게 처리하되 사적으로 받아들이지 말라고 모린에게 조언했죠.

어떤 일을 개인적으로 받아들인다는 건 특정한 말이나 행동이 자신에게 상처를 주기 위한 의도를 담고 있다고 여기는 것입니다. 좋은 의도로 잘못을 지적하는 것을 비난으로 받아들이거나, 자신의 의견에 동의하지 않는 것을 비하로 여기거나, 제3자에 대한 객관적인 평가조차 자신을 향한 모욕으로 느끼는 경우죠.

예를 들어 작품이 성공하지 않아 고민하는 소설가에게 그의 아내가 굉장한 계약을 맺고 등단한 신인 작가의 이야기를 꺼내자 소설가는 버럭 화를 냈습니다. 남편은 아내가 '당신은 실패자야'라고 조롱하는 듯 여겼지만, 사실 아내의 진정한 의도는 단지 남편 같은 재능을 가진 사람은 그런 재능을 누릴 자격이 있다고 말하려던 것이었죠.

타인의 진심을 오해하는 건 관계를 망치는 지름길입니다. 상대의 의도를 잘 파악하여 적절하게 대응하지 못하고, 보복하려 하거나 방어적으로 대응하고 토라지거나 심술을 부리게 되죠. 그렇게 반응하면 상대의 행동에 대해 당신이 우려할 만한 이유가 있었다는 논지를 흐려버릴 뿐 아니라 당신이 정당한 불만을 제기하더라도 상대가 대응하기 어려워집니다. 게다가 방금 무슨 짓을 했는지 깨닫게 되는 순간, 부끄러움은 온전히 자신의 몫으로 남지요.

업무를 처리할 때도 사적으로 받아들이는 태도는 문제가 될 수 있습니다. 의약품 공급 업체의 사장인 조앤나를 예로 들어볼까요. 영업사원들에게 신제품을 설명하는 중요한 회의에서 팀이라는 직원이 늘어지게 하품을 했습니다. 팀을 직접 고용했고 내심 그를 인재로 아꼈던 조앤나에게 그 하품은 마치 공공장소에서 얼굴에 따귀를 맞는 듯한 모욕으로 받아들여졌지요. 결국 그녀는 그 자리에서 팀을 해고해버렸습니다. 팀도 참지 않고 부당해고 소송을 걸었고요. 팀이 회사에서 가장 열심히 일하는 영업사원이었다는 사실을 조앤나가 깨달았을 때는 이미 돌이킬 수 없이 일이 커져버린 뒤였습니다. 팀이 무례했기 때문이 아니라 단지 너무 오래 일해서 피곤한 나머지 하품을 했을 뿐인 거였죠. 그 누구보다 자신을 위해, 조앤나는 결국 팀에게 잘못을 사과하고 다시 그를 고용했습니다.

일을 개인적으로 받아들이면 지나치게 흥분할 수도 있지만, 반대로 너무 냉정해질 수도 있지요. 아내와의 별거를 선택한 이유를, 번번이 당하는 모욕에 화가 나서 자신이 폭력적으로 변할까 두렵기 때문이라고 제게 얘기한 남편이 놀랄 만큼 많았습니다. 한편으로는 자신이 분노하게 되는 게 너무 끔찍한 나머지, 애정을 주고 싶은 그 사람에게 아예 관심을 끊고 관계를 포기해버린다는 사람도 있었죠.

안타까운 건 이런 많은 경우에서, 개인적으로 받아들이지 말았어야 할 행동으로 인해 고통이 야기된다는 점입니다. 개인적으로 받아들이는 대신 침착하게 문제를 살펴본다면 당장의 분노를 식힐 뿐만 아니라 화가 났던 대상에 대해서도 다시금 관계의 온기를 되찾을 수 있습니다.

나를 깨우는 한마디

다른 사람의 말이나 행동을 개인적으로 받아들이지 말고 차분하게 살펴보라.

𝓛

- 누군가가 당신을 화나게 하는 일을 저질렀다면, 우선 그 사람이 그렇게 행동할 만한 일을 자신이 했는지 스스로에게 물어보세요.
- 만약 그 책임이 자신에게 있다고 생각한다면, 일찍 털어놓는 게 낫습니다. 그 사람에게 사과하면서 다음번에는 그러지 않겠다고 약속하세요.
- 아무리 생각해봐도 그 사람이 그럴 만한 일을 자신이 저지르지 않았다면, 그 사람이 다른 사람들에게도 똑같이 행동하는지 생각해보세요. 만약 그렇다면 그 사람의 행동을 개인적으로 받아들일 필요는 없겠지요. 원래 그런 사람이니까요.
- 다만 그런 사람에게는 다음 항목 중에서 선택하여 대응하면 됩니다.

  1) 넓은 마음으로 받아들인다.

  2) 손해를 줄이는 셈 치고 관계를 끊어버린다.

  3) 기분이 상했음을 알리고 상대가 더 이상 공격적으로 행동하지 않기를 바란다.
- 오해하지 말아야 할 점은, 개인적으로 받아들이지 말라고 해서 다른 쪽 뺨까지 내주라는 뜻은 아니라는 겁니다. 다만 주먹을 앞세우기 전에 머리로 생각부터 하라는 뜻이지요.

내가 너무나 불쌍해서 견딜 수 없어

나 스스로가 불쌍해 헤맬 때면
강풍이 나를 품고 하늘을 가로지르네.

오지브와족(인디언)의 시

멜린다는 힘든 결혼 생활 중에도 어떻게든 버텨보려고 7년이나 애썼지만, 남편은 결국 다른 여자에게로 떠나버렸습니다. 그로부터 5년이 흘렀지만 괴로움은 여전했죠. 저는 긍정적인 방향으로 이끌어보려 했지만 멜린다는 상담 시간의 대부분을 신세한탄에 써버리곤 했습니다. 자신의 한창때를 어떻게 낭비하고 말았는지, 비전 없는 직장에서 왜 일하게 되었는지 구구절절 늘어놓았고, 마흔 먹은 애엄마를 누가 좋아할 것이며, 괜찮은 남자들은 죄다 동성애자 아니면 기혼자뿐이라 이제 평생 혼자 살게 될 거라는 등등의 넋두리가 끝없이 이어졌죠.

멜린다는 항상 자신의 컵이 절반이나 비어 있다고 여겼기에 그녀의 컵은 점점 더 말라가는 것처럼 보일 수밖에 없었습니다. 자신이 처한 환경에서는 결코 행복할 수 없다고 생각하면 결국 비참해질 수밖에 없죠. 그러다 저의 제안 두 가지를 따름으로써 겨우 상황을 반전시킬 수 있었습니다.

그중 첫 번째는 가정폭력 피해 여성들을 위한 쉼터에서 자원봉사를 하는 것이었죠. 거기서 그녀는 자신이 안고 있는 문제가 상대적으로 대단치 않다는 깨달음을 얻었습니다. 그리고 두 번째는 익명의 이혼자 모임에서 자신과 비슷한 상황을 극복한 여성들을 만나는 것이었습니다. 그 모임의 사람들은 그녀가 겪은 일들에 공감해주었지만 스스로를 연민하는 듯한 태도는 참아주지 않았죠. 그들의 충고는 멜린다가 저와 주변의 결혼한 친구들에게 하듯이 '당신 입장에서는 그렇게 말하는 게 쉽겠죠'라며 무시할 수 있는 게 아니었습니다.

자신의 신세를 한탄하며 자기 연민에 빠진 사람들을 점점 흔하게 볼 수 있습니다. 그런 사람들 중에는 멜린다처럼 버림받은 여성뿐 아니라 자녀를 갖지 못하는 불임 부부, 때만 잘 만났다면 성공했을 거라며 비통해하는 사람, 직장에서 쫓겨난 회사원도 있죠. 부모가 알코올중독자이거나 아동학대자인 경우, 무관심하거나 지나치게 방임하는 경우, 또는 제대로 된 롤모델이 되어주지 못했거나 갑자기 사망한 경우도 있고요. 이런 어린 시절의 상처가 원인인 경우 외에도 질병, 연인의 죽음, 재정적 어려움처럼 최근에 발생한 비극 때문에 자기 연민에 빠집니다. 혹은 바꿀 수 없는 개인적 특성 탓에, 예를 들어 뚱뚱해서, 못생겨서, 장애가 있어서 그렇게 되기도 하죠.

개중에는 자기 연민이 아예 만성화된 사람도 있습니다. 상황이 바뀔 때마다 자신을 불쌍히 여길 새로운 변명거리를 찾아내는 사람들이죠. 이들은 입만 열면 무조건 '아, 만약 ……였으면 좋았을 텐데'라는 말로 시작하기 때문에 쉽게 알아볼 수 있습니다.

일시적으로는 자기를 연민하는 태도가 위로를 줄 수 있습니다. 동물들이 제 상처를 핥는 것처럼 고통을 덜어줍니다. 슬픔이나 두려움 등과 같은 더 쓰라린 감정에서 벗어나게 해주기도 하고요. 자기 연민을 다른 사람에게 표현하는 건 도움을 청하는 방법이기도 하고, 동정심을 얻거나 책임을 면하는 수단이 될 수도 있습니다. 자신을 불쌍히 여기는 사람에게서 뭔가를 받으려 하는 사람은 없을 테니까요.

그러나 이런 이득은 그로 인해 치러야 할 대가에 비하면 보잘것없습니다. 무엇보다도 '내가 불쌍해 미치겠어!'라는 태도는 희망을 걷어차버리죠. 스스로를 연민의 대상으로 여기면 자신의 삶을 꾸려나가는 데 쓰여야 할 에너지를 낭비하게 됩니다. 과거에 계속 집착하면 더 나은 미래를 만들어갈 방법을 찾아낼 수가 없습니다. 타인으로부터 받는 동정이 위로가 될지는 모르지만, 그 사람들도 언젠가 당신을 지겨워하고 존중하지 않게 될 것입니다. 마침내는 당신을 피하거나 냉담하게 대할 것이고, 혹은 아예 적대시할지도 모릅니다.

자기 연민은 스스로를 먹고 자랍니다. 자신을 불쌍히 여기고 스스로를 믿지 않는 듯한 태도를 내보이면, 상황은 점점 더 나빠져서 자신을 동정할 더 많은 이유만 생길 뿐이죠. 이런 악순환이 오래 이어지면 '정말 한심한 사람'으로 전락할 위험도 있습니다.

이런 자기파괴의 덫에 걸렸을 때는 새로운 관점을 얻을 수 있는 상황을 찾아봐야 합니다. 예를 들어 자신에게 진심으로 공감하는 사람들과 시간을 보내거나, 친구에게 당신의 불평불만이 얼마나 거슬리는지 솔직하게 말해달라고 부탁하거나, 자신과 비슷한 처지에 놓인 사람들의 모임에 참석하는 거죠.

이런 경우에는 모든 것을 백팔십도 뒤집어서 살펴볼 필요가 있습니다. 상황이 점점 나빠지는 게 아니라 좋아지고 있다고 여기고, 불평불만을 늘어놓지 않고 감사할 줄 아는 쪽으로 변해야 하죠. 그러지 않으면 지금 절반이 빈 당신의 잔이 머지않아 완전히 텅 비고 말 테니까요.

나를 깨우는 한마디

자신을 계속 불쌍히 여기면
정말로 불쌍해지는 일이 생긴다.

- 자신이 언제 스스로를 불쌍하다고 느끼는지 살펴보세요.
- 자기 연민은 엄청난 시간과 에너지의 낭비이자 다른 사람의 진을 빼는 짓임을 깨달아야 합니다.
- 자신보다 불행한 사람에게 베푸세요. 자신이 받은 축복을 느낄 수 있을 뿐 아니라 자부심도 얻을 수 있습니다. 자부심과 자기 연민은 동시에 느낄 수 없죠.
- 지금까지 살아오면서 감사함을 느낀 일을 모두 떠올려보세요.
- 기대보다 더 나은 결과를 얻었던 일을 모두 떠올려보세요.
- 자신에게 도움을 준 사람을 떠올리고, 그 사람에게 감사하는 마음을 전할 방법을 찾아보세요.
- 자기 연민을 느끼는 이유가 다른 사람들과 나눌 수 있는 것이라면, 비슷한 경험을 한 사람들의 모임에 참석하세요. 단, 무력감을 더해주지 않고 문제를 극복하려는 노력을 지지해주는 모임이어야 합니다. 해결책을 찾으려는 모임을 통해 다른 사람들과 고통을 나누고 미래에 대한 희망과 계획도 논의할 수 있을 것입니다. 자신에게 맞는 모임을 찾기 어렵다면 주변 사람들에게 자신의 의도를 알림으로써 비슷한 바람을 가진 사람들을 직접 끌어모을 수도 있습니다.

너무 두려워서 아무것도 못하겠어

우리가 두려워해야 할 유일한 것은 두려움 그 자체다.

프랭클린 루스벨트

항공우주기업에 다니는 항공정비사 스탠(52세)은 매일 회사까지 60킬로미터 거리를 직접 운전해서 출근했는데, 어느 날 운전 중 사고를 당했습니다. 잠시 휴직하면서 쉰 덕분에 몸은 어느 정도 회복되었지만 정신적으로는 상처가 남았죠. 이제 그는 운전을 무서워하게 되었습니다. 출근은 해야 하기에 용기를 내어 동료와 카풀을 하게 되었지만, 그마저도 출근길 내내 잔뜩 겁에 질린 채였죠. 이 모습에 다른 사람들도 불안해했습니다.

루스(43세)는 고등학교 교장이자 세 자녀의 엄마입니다. 그런데 남편인 테드가 바람을 피운다는 사실을 알게 된 후 신경

증에 걸렸습니다. 비록 테드가 이후 진심으로 뉘우치고 결혼 생활의 문제를 해결하고자 노력했지만, 루스는 남편이 자신의 시야에서 사라지기만 하면 온몸이 마비된 듯 꼼짝하지 못하게 되었습니다. 그 증상이 너무나 심각해서 아예 그녀의 인생 전체가 멈춰버린 듯했죠.

스탠과 루스의 공통점은 무엇일까요? 둘 다 똑같은 일이 다시 일어날까 두려워서 아무것도 할 수 없는 지경에 이른 트라우마의 희생자라는 점입니다.

트라우마의 특징은 보통 2연타로 이어진다는 것입니다. 첫 번째 타격은 우리의 순수한 마음과 안정감에 상처를 줍니다. 그리고 두 번째는 정신에 직접적인 타격을 주지는 않지만 과거의 일이 반복될 거라는 두려움을 갖게 합니다. 한때 신뢰감이 자리했던 곳에 공포의 벽이 세워지는 것입니다. 자신의 근원적인 취약성이 이미 노출된 상태가 되어버리기에, 또 그런 일이 벌어지면 돌이킬 수 없는 피해를 입고 이번에는 아예 회복하지 못하리라고 느끼게 되는 거죠. 이런 깊은 불안은 우리를 후퇴하게 만듭니다. 심각해지면 회피의 최후 단계인 공포증으로까지 발전할 수도 있죠.

비극적이게도 두 번째 트라우마에 대한 두려움은 오히려 트라우마 그 자체보다 더 사람을 황폐하게 만들기도 합니다. 루스의 경우 불안감이 극에 달한 나머지 외과의사인 남편이 일 때문에 늦기라도 하면, 분명 다른 여자와 함께 있는 거라고 무조건 의심하게 되었지요. 모든 여자를 경계의 대상으로 여기고 테드에게 아예 밖에서 사람들과 어울리지 말라고 강요하기까지 했습니다. 심지어 남편이 어떤 여자들을 치료하고 있는지 환자 기록을 뒤진 적도 있었고요. 이런 상황이 지속되자 테드의 불륜보다 루스의 피해망상증이 둘의 결혼 생활에 더 큰 위협이 되었습니다.

과거의 힘들었던 사건이 재발할 거라는 두려움의 근원은 어린 시절의 경험에서 찾아볼 수 있습니다. 수영장에서 다이빙을 하다가 바닥에 부딪히거나 자전거에서 떨어지는 등 트라우마를 겪으면 아이는 자신이 보호받지 못한다고 느낍니다. 만약 부모가 호들갑을 떨며 사건을 키우면 아이의 눈에는 작은 흙더미가 마치 거대한 산처럼 커지고 이렇게 생각하게 됩니다.

'엄마 아빠를 저렇게 놀라게 하다니, 정말 끔찍한 일인가 봐. 앞으로 다시는 하지 말아야지.'

반대로 부모가 그 트라우마를 너무 가볍게 여기면 아이는 상처받을 뿐 아니라 외로움마저 느끼게 됩니다. 심리적으로는 이 외로움이 상처보다 더 위협적일 수 있습니다.

어느 쪽이든 결과적으로 아이는 자신을 추슬러 다시 도전하는 걸 피하게 됩니다. 이런 정서적 기억은 마음속 깊은 곳 어딘가로 파고듭니다. 그래서 어른이 된 후 새로운 트라우마가 당시의 감정을 다시 자극하면, 자기 주변에 심리적 방벽을 쳐서 스스로를 보호하려 하거나 재발의 두려움에 집착하게 됩니다.

이와 달리 현명한 부모는 트라우마를 겪은 자녀를 위로하고, 두려움이 아이를 약하게 하기 전에 다시 도전해보라고 격려합니다. 수영장에 뛰어들거나 다시 자전거에 올라타도 다치지 않으면, 아이는 그 상처가 극복될 수 있다는 점을 배우게 되죠. 또한 두려움에 맞서 행동하더라도 똑같은 일이 꼭 벌어지지 않는다는 점을 알게 됩니다.

트라우마에 시달리는 어른도 아이의 경우와 마찬가지입니다. 삶에 뛰어들어 적극적으로 맞서야만 두려움을 극복할 수 있죠. 저는 스탠에게 우선 한적한 곳에서 운전을 시작해본 후, 조금씩 더 번잡한 도로로 나가보라고 조언했습니다. 루스에게는 남편을 믿는 듯한 태도를 취해보라고 권했습니다. 남편이 출장을 떠나면 억지로라도 잘 다녀오라고 밝게 인사하고, 다른 여자의 존재를 신경 쓰느라 남편에게만 붙어 있지 말고 사교 모임에도 참석하라고요. 시간이 지나면서 테드가 자신의 신뢰성을 스스로 입증하자 마침내 루스는 진심으로 그를 믿고 자신의 인생을 누릴 수 있게 되었습니다.

인생의 우여곡절 속에서 상처를 입게 되면 두려움을 느끼는 건 지극히 정상적입니다. 균형을 잃고 쓰러지기도 하죠. 보호막 속으로 숨고 싶은 것도 당연합니다. 다만 자신의 인생을 재개하는 시점이 빨라질수록 희생자로 남을 가능성이 더 낮아집니다. 행동은 언제나 두려움을 이겨낼 수 있게 해줍니다.

나를 깨우는 한마디

단지 두렵다고
위험한 상태인 것은 아니다.

- 자신이 취약하게 느껴진다고 정말 당신이 쉽게 깨질 만큼 약한 건 아닙니다. 두려움을 인정하고, 두려움이 당신의 삶을 지배하지 못하게 하세요.
- 세상에는 예측할 수도, 예방할 수도 없는 일들이 벌어진다는 사실을 받아들여야 합니다.
- 불안과 회피가 두려움 자체보다 더 해롭습니다.
- 평소와 같은 일상으로 되도록 빨리 돌아가세요. 한꺼번에 그러기 어렵다면 단계적으로 한 걸음씩이라도 돌아가야 합니다.
- 혼자서 해내기 어렵다면 자신을 격려해줄 수 있는, 믿을 만한 사람의 도움을 받으세요.
- 당신이 취하는 행동 하나하나가 두려움을 줄여나가는 모습을 주목하세요. 마치 계속해서 예방접종을 맞는 것과 마찬가지입니다.
- 자신이 회복되어가는 과정에 집중하세요. 과거의 트라우마에서 벗어났음을 떠올리고, 혹시 또 그런 일이 벌어지더라도 얼마든지 극복할 수 있다는 확신을 가져야 합니다.

아끼는 사람을 잃은 아픔에서 벗어날 수 없어

슬픔은 순간적인 고통이다.
슬픔에 빠져 있는 것은 인생의 어리석은 실수다.

— 벤저민 디즈레일리

마리는 한 사람이 겪을 수 있는 최악의 상실을 경험했습니다. 자식을 먼저 저세상으로 떠나보낸 것이죠. 자녀의 죽음은 늘 엄청난 재앙이지만, 마리의 가슴이 더욱 아픈 이유는 따로 있었습니다. 그녀의 다 자란 딸이 데이트 신청을 거부했던 남성에게 가혹하게 살해당했는데, 그 살인범이 석방될지도 모른다는 것이었죠. 그뿐 아니라 최근에 마리는 어머니를 잃었고 유방암으로 가슴을 절제하기까지 했습니다. 더 이상 살아가야 할 이유가 없는 것만 같았죠.

일단 시간이라도 좀 벌기 위해 저는 마리에게 살인범이 정당한 심판을 받게 될 때까지는 자살하지 않겠다는 약속을 받아냈습니다. 그러나 치료를 받으러 올 때를 제외하면 정원 마당과 딸의 사진만 하염없이 쳐다보고 있었죠. 그녀의 남편과 제가 삶의 끈을 놓지 말라고 하자 이렇게 말했습니다.

"이 상황이 나아지지 않으면 저는 살 수가 없어요."

그녀의 말에 저는 이렇게 답했죠.

"그 반대입니다. 자신의 삶에 충실하지 않으면 이 상황이 나아지지 않는 거예요."

그러고는 힘들더라도 뭔가 활동을 하고 새로운 기억을 만들어내야만 밤낮으로 따라다니는 고통스러운 생각을 벗겨낼 수 있을 거라고 설명했습니다.

분명 누군가를 잃고 슬퍼하는 건 당연하고, 관습적인 애도 기간이 지났더라도 굳이 더 이상 슬프지 않은 척해야 하는 건 아닙니다. 그러나 자신을 추슬러 다시 삶에 뛰어들지 못할 정도라면, 계속되는 슬픔의 최면 상태에 갇혀 과거의 노예가 되고 말 겁니다. 그러면 상실을 경험한 그 기간은 인생 최악의 시기가 될 뿐 아니라 사실상 인생의 끝이 시작되는 시기일지도 모르는 거죠.

커다란 상실로 인해 고통받은 사람이 살아가기를 주저하게 되는 이유는 여러 가지가 있습니다. 잃어버린 그 사람을 너무나 사랑했던 나머지 혼자서는 제대로 살 수 없다고 느끼기 때문일 수도 있죠. 사람들의 동정을 통해 위안을 얻기 때문일 수도 있고요. 다만 이들이 깨닫지 못하는 건, 사람들이 결국은 동정심을 거두고 그들을 피하기 시작할 거라는 사실입니다. 슬픔에 매달리게 되는 또 다른 이유는 떠난 사람에 대한 이미지를 마음속에서 미화하기 위해서지요. 그럼으로써 망자亡者에게 품었을지 모를 부정적인 감정에 대한 죄책감을 누그러뜨리려는 겁니다. 아무렇지 않은 듯 살아가는 건 죽은 사람에 대한 예의가 아니라고 믿기 때문이기도 하고요.

그러나 오랜 기간 동안의 제 경험상 죽어가는 환자가 사랑하는 사람에게 '나를 위해 영원히 슬퍼해줘요'라든가 '제발 재혼하지 말아요'라고 말한 적은 단 한 번도 없었습니다. 오히려 모두가 한결같이 '나 때문에 슬퍼하느라 시간을 낭비하지 말아요. 이제 당신의 삶을 살아요. 당신이 행복했으면 좋겠어요'라고 얘기하죠.

마지막으로, 이제는 전처럼 살 수가 없는데 굳이 왜 힘들게 살아야 하는지 모르겠다고 생각하는 사람도 많습니다. 하지만 그럼에도 살아가야 하는 목적은 대체하거나 복제할 수 없는 과거를 그대로 되살리려는 데 있지 않지요. 다만 새로운 기억을 위해 기회를 만들고자 하는 것이죠.

가장 하기 어려우면서도 꼭 해야 할 가장 중요한 일은 상실을 경험한 바로 그 자리에서 인생의 새로운 기억들을 만들어내는 것입니다. 예를 들어 배우자를 잃은 사람은 일에 더 매달리거나 친구들 또는 자녀들과 좀 더 많은 시간을 보내려 하죠. 분명 혼자 고립되어 있는 것보다는 나은 선택이지만, 새로운 사람을 만나 데이트하는 것만큼 건설적이지는 못합니다. 적절한 애도의 기간이 지났다면, 새로운 이성과 사귀어 상실의 자리에 새로운 기억들을 만듦으로써 마음의 상처가 더 빨리 치유될 수 있습니다.

물론 그 상응하는 자리가 이전과 완전히 똑같을 필요는 없을 뿐더러 아예 불가능한 경우도 있죠. 가령 마리와 같은 중년 여성이 다시 아이를 갖기는 힘들 겁니다. 다만 유사한 영역에 자신의 에너지를 쏟을 수는 있죠. 딸은 그녀에게 돌봐주고 도와줘야 하는 사람, 그녀를 필요로 하는 사람이었습니다. 마리는 한때 자신이 돌봐줘야 했던 자리에 큰 구멍이 난 듯한 기분이 들었죠. 그래서 저는 그녀에게 자녀가 살해당한 부모들을 도와주는 단체에 가입하고 병원에서 자원봉사를 하라고 권했습니다.

이렇게 해서 마리는 최근에 남편이 살해당하는 일을 겪고 반쯤 정신이 나간 젊은 여성을 돌보게 되었죠. 이런 식으로 타인을 위해 자신의 삶을 내줌으로써 마리는 새로운 인생의 활력을 얻을 수 있었습니다. 딸의 살인범을 기소한 검사에게 적극적으로 협력했고, 희생자들의 권리 보호를 위한 단체에도 가입했죠. 그로부터 3년이 지난 지금, 이제 그녀는 과거의 뼈아픈 트라우마에서 벗어나 의미 있는 새로운 기억들을 갖게 되었습니다.

심각한 상실을 경험한 후에는 삶이 결코 예전과 똑같을 수 없다는 사실을 받아들여야 합니다. 만약 상실감을 완전히 떠나보낼 수 없다면, 새로운 기억들을 만들기 시작하세요. 그러면 언젠가 상실감에서 해방되는 날이 찾아올 것입니다.

나를 깨우는 한마디

새로운 기억을 만들어서
이미 잃어버린 것을 놓아주도록 하라.

L

- 당신의 슬픔을 내려놓을 곳을 차츰 만드세요. 예전에 사랑하는 사람을 잃고 무덤으로 만들었던 집을 이제 다시 생활공간으로 돌려놓아야 합니다. 그래도 아직 마음이 놓이지 않는다면, 고인의 유품을 한곳에 따로 모아두거나 고인에 대한 기억을 한 권의 사진 앨범에 담아두세요.
- 위와 똑같은 과정을 마음속에서도 진행해야 합니다. 과거를 곱씹는 시간을 매일 조금씩 줄여나가세요.
- 고통스러운 기억들을 희석시켜줄 새로운 기억들을 만들기 시작하세요. 새로운 일에 열중하고 새로운 사람과 어울리세요.
- 단순히 시간을 때우는 일보다 자부심을 느끼는 의미 있는 활동을 선택하세요. 예를 들어 자신보다 불행한 사람들을 돕는 일에 시간을 투자하는 겁니다.
- 지원 그룹에 참여하세요. 비슷한 고통을 겪은 사람들만이 진정으로 '저도 그 마음 압니다'라고 말해줄 수 있으며 당신의 외로움을 달래줄 수 있습니다.

제2장

다른 사람들과 잘 지낼 수 있을까

부모의 사랑과 인정을 받으려고 안달해

어렸을 때는 부모를 사랑하지만
나이가 들어가면서 부모를 판단하며,
때로는 부모를 용서한다.

오스카 와일드

제 환자들 중 한 명이 자신의 어머니에게 지금 상담 치료를 받는 중이라고 털어놓았더니, 어머니가 코웃음을 치며 이렇게 말했답니다.

"아주 잘됐구나. 이제 그 치료사는 네가 날 증오한다고 믿게 만들 거야."

제 환자가 대답했죠.

"아니에요, 엄마. 그분은 내가 엄마를 사랑한다는 점을 확신시키려고 애쓰고 있어요."

이 일화는 성인이 된 자녀와 부모 사이의 복잡한 감정을 잘 포착하고 있습니다. 제가 상담하면서 만난 사람들은 대부분 자신의 어머니 또는 아버지와 갈등을 겪고 있었고, 그 갈등은 또한 그 사람들의 배우자와 자녀, 동료, 친구들과의 관계에 영향을 미치게 마련이죠.

부모로부터 사랑이나 인정을 받지 못한다고 느끼고는 분노하는 사람들도 있습니다. 부모가 자신을 이해하지도, 그런 노력조차 하지 않는다며 절망하는 사람이 있는가 하면, 부모가 자신을 지배하려 들기 때문에 혹은 자신에게 무관심하기 때문에 화를 내는 사람들도 있죠. 한편으로 이들은 대개 부모가 자신을 양육하기 위해 많은 걸 희생했지만 충분히 보상하지 못했다는 죄책감도 갖고 있습니다. 이렇게 시간이 흐르면 자녀들의 불편한 마음이 점점 커지면서 자기파괴적 행동으로 이어지는 건 결코 놀라운 일이 아닙니다.

우리 부모 세대는 자신이 그렇게 양육되었기 때문에, 자녀들에게 정서적으로 필요한 것을 제공하는 능력이 부족한 경우가 많습니다. 따라서 부모로부터 받을 수 없는 애정에 의존한다고 해도 결코 그로부터 가치 있는 결과를 얻지 못하게 되지요. 오히려 헛된 노력 때문에 당신의 적개심과 분노가 커지고 부모는 실망감을 안게 될 것입니다. 자신이 무엇을 필요로 하는지 명확히 표현하지 못하면 결국 부모는 당신이 무엇을 원하는지 전혀 알 수 없습니다. 단지 자식이 만족하지 못하고 있다는 점만 느끼고, 그로 인해 당황하고 서글퍼할 뿐입니다.

당신이 부모로부터 받지 못한 것은 부모가 그들의 부모로부터 받지 못한 바로 그것인 경우가 대부분입니다. 부모로부터 받아보지 못한 것을 자녀에게 주기란 어렵기 때문에, 결국 자신이 자랐던 방식으로 자녀를 양육하게 되는 것이죠. 이런 악순환의 고리를 끊을 수 있는 방법은 부모의 부모가 되어보는 것입니다. 즉 자신의 조부모가 되어, 부모에게 그들이 받아보지 못했던 것을 주는 거죠. 부모의 마음속에 숨겨진 갈망을 채워준다면 부모도 당신이 원하는 바를 해주는 데 보다 자유로워질 수 있습니다.

환자 캐롤린(50세)에게는 딸이 하는 일마다 참견하고 반대하는 어머니가 있습니다.

"엄마는 저를 언제까지나 어린애로 취급할 거예요. 엄마랑 관계를 끊고 싶지만 그럴 수가 없어요."

캐롤린은 그렇게 불평했습니다. 그녀는 우리 모두가 부모로부터 원하는, 무조건적인 사랑과 인정을 바란 것입니다. 하지만 그녀의 필사적인 노력은 오히려 어머니와의 사이를 더 멀어지게 만드는 자기파괴적 결과를 낳고 말았습니다.

저는 캐롤린에게 그녀의 어머니는 부모가 늦게까지 일해야 했던 1920년대의 미국 대공황기에 자랐다는 사실을 상기시켰습니다. 캐롤린의 어머니는 방치된 아이처럼 관심을 받지 못하며 자랐고, 훗날 자신이 엄마가 되어 부모 노릇을 잘하려다 보니 딸의 인생에 지나치게 개입하며 딸의 인생을 지배하려 한 것입니다. 저는 캐롤린에게 이렇게 말해주었습니다.

"두 분 모두에게 안타까운 사실은 진정한 엄마를 갖지 못했다는 점입니다."

자신과 어머니 모두 어린 시절에 고통(어머니는 무관심, 자신은 지나친 간섭)을 받았다는 공통점이 있음을 깨달은 캐롤린은 괴로움을 조금은 덜어낼 수 있었습니다. 자신의 모든 것을 지배하려 드는 어머니의 태도가 사실 딸에게 가까워지려는 시도였음을 알게 되자 어머니를 좀 더 받아들일 수 있었던 것이죠. 어머니를 덜 밀어낼수록 어머니의 간섭은 줄어들었습니다. 그리고 오래지 않아 어머니의 잔소리와 비난도 잦아들었죠. 서로에게 소리를 지르는 대신 이 두 여성은 진정한 대화를 할 수 있게 되었습니다. 그 후 함께한 3년 동안 이들은 이전의 50년보다 훨씬 더 행복한 시간을 보낼 수 있었고요.

이런 방법은 아버지로부터 '네가 정말 자랑스럽다'는 말을 간절히 원하는 남성에게 특히 효과적입니다. 어린 시절 아버지에게서 충분한 인정을 받지 못한 남자는 상당한 상실감을 느끼는 반면, 그런 인정을 받은 남자는 결코 되돌아오지 않을 어린 시절의 행복한 순간을 그리워하죠. 이런 이유로, 다 큰 성인 남성이라도 아버지 이야기를 하면 눈물을 보이곤 합니다.

록 스타였던 존은 이런 점에서 제 기억에 오래 남아 있는 환자입니다. 그의 성공은 아버지의 인정을 받기 위한 노력의 결과였죠. 하지만 각종 음반 판매 기록과 히트 차트 기록, 엄청난 액수의 돈, 팬들의 환호와 갈채 등 그 무엇도 그의 아버지로 하여금 아들에 대한 자랑스러움을 직접적으로 표현하게 만들지는 못했습니다. 저는 존에게 아버지의 아버지가 되어보라고 조언했지만, 자신의 아버지에게 애정을 표현하기엔 그 역시 자존심이 너무 강했죠. 그러다가 아버지가 심장발작을 일으켰고 존은 아버지를 돌보게 되었습니다. 한때는 강한 남자였지만 지금은 침대에서 움직이지도 못하는 아버지를 보살피면서 아들의 마음은 점차 누그러졌죠. 아버지의 일흔여섯 번째 생일에 옷을 입는 것을 도와드리면서 존은 이렇게 말했습니다.

"한 살 더 드신 만큼 더 현명해지세요."

그러자 아버지가 한숨을 쉬면서 대답했습니다.

"그래봤자 나이만 한 살 더 먹는 거지 뭐."

존은 깜짝 놀랐습니다. 아버지는 단 한 번도 스스로를 낮추는 말을 해본 적이 없는 사람이었기 때문이지요. 직접 신발끈을 매느라 쩔쩔매는 아버지를 지켜보면서, 존은 형제들의 손에 길러진 아버지가 자신보다 부모의 사랑을 더 못 받고 자랐다는 사실을 떠올렸습니다. 마침내 신발끈을 다 맨 아버지에게 존은 말했습니다.

"잘하셨어요, 아버지. 전 아버지가 자랑스러워요."

아버지의 눈에는 눈물이 가득 고였죠. 그리고 존에게 작은 목소리로 속삭였습니다.

"나도 네가 자랑스럽구나. 넌 멋진 아들이야."

이 말은 존에게 그래미상보다 더 큰 의미로 다가왔습니다.

자신의 부모에게 부모가 되어주는 일에는 큰 용기가 필요합니다. 돌려받는다는 보장이 없는데도 부모로부터 받고 싶었던 것을 부모에게 줄 수 있어야 하죠. 하지만 이를 통해 우리가 항상 바라는 사랑과 자존감, 인정을 받을 수 있을지도 모릅니다. 적어도 비통해하며 다음과 같이 속마음을 털어놓은 제 환자처럼 되지는 않습니다.

"제가 괴로운 건 엄마로부터 사랑받지 못했다는 것이 아니라 너무 화가 난 나머지 엄마를 사랑하지 못했다는 사실이에요."

나를 깨우는 한마디

부모로부터 받지 못한 것을 받고 싶다면
부모에게 부모가 되어줘라.

- 부모에게서 받아보지 못했지만 아직도 받고 싶은 것 하나를 생각해보세요. (이에 대해 사람들이 가장 많이 언급한 답은 '자존감', '사랑', '위안', '인정'이었습니다.)
- 당신이 바라는 '그것'을 과연 당신의 부모가 자신의 부모로부터 받았을지 생각해보세요.
- 부모에게 '그것'을 줄 수 있는 특정한 상황을 상상해보고, 자신이 그렇게 하는 모습을 마음속으로 그려봅니다.
- 당신이 원하던 것을 부모에게 줄 기회를 찾아봅니다. 부모와 함께 감동해서 혹시 눈물을 흘리게 되더라도 놀랄 필요는 없습니다. 그 눈물은 뭔가가 잘못된 것이 아니라 잘못됐던 것이 마침내 해결되었다는 신호이기 때문입니다.

왜 자꾸 이상한 사람들하고만 엮일까

모두에게 친절하게 대하되 함부로 친해지지 말고,
친한 사람일지라도 쉽게 신뢰하지 마라.

조지 워싱턴

"전 아무래도 수녀가 될 걸 그랬나 봐요!"

의자에 털썩 주저앉으며 주디가 외쳤습니다.

"이번 남자와도 깨졌어요. 처음에는 친절하더니 갈수록 제멋대로인 나쁜 놈이 되더라고요. 전에 만났던 겁쟁이랑은 완전히 반대예요. 식당조차 결정하지 못하던 남자 말이죠. 왜 저는 항상 무지막지하거나 딱한 남자들하고만 엮이는 걸까요? 그런 남자를 미리 알아보는 방법은 없을까요?"

얼간이 같은 남자를 미리 가려내는 눈을 갖고 싶어 하는 여자는 주디뿐만이 아닙니다. 그런 소망은 여자들에게만 국한되지도 않죠. 남자들도 자신이 끌렸던 이성이 알고 보니 아주 못되고 제멋대로이거나 혹은 남자에게 집착하는 여자였다고 불평하곤 합니다. 자신을 끊임없이 공격하거나 혹은 사소한 다툼에도 이성을 잃는 친구나 가족, 동료에 대해 불평을 늘어놓는 데는 남녀가 따로 없습니다.

우리는 직접 먹어보지 않고도 썩은 사과를 골라내려고 애쓰듯이 좋지 않은 사람도 미리 알아보길 바랍니다. 그런 사람들은 썩은 사과보다도 더 큰 피해를 입히거든요. 이상한 사람들과 계속해서 엮인다면 그 사람들은 두 가지 유형 중 하나일 것입니다.

첫 번째 유형은 권력과 카리스마, 그리고 완력으로 당신을 찍어 누르려 합니다. 평소에 스스로를 무기력한 사람으로 여기는 당신이라면, 그 사람과 어울림으로써 뭔가 힘을 얻을 수 있으리라는 기대감에 끌렸을 수 있습니다. 하지만 아이러니하게도 이런 사람들은 마치 흡혈귀처럼 남들에게서 힘을 빨아내곤 하죠. 힘을 나눠주지 않고 빼앗는 쪽인 겁니다. 당신이 그걸 깨닫지 못하는 이유는 그들이 당신으로 하여금 특별하다는 착각을 느끼게 하는 법을 잘 알기 때문이죠. 아직 당신을 아프게 하지 않았을 뿐, 머지않아 그들은 당신에게 상처를 낼 것입니다.

당신이 빠져드는 두 번째 유형은 당신을 필요로 하는 사람들입니다. 당신은 그들을 자신과 동일시하고, 남들에게 대우받고 싶은 대로 그들을 대하게 되지요. 그래서 뭔가 내가 좋은 일을 하고 있으며, 중요한 인물이 된 것 같고, 심지어 영웅이라도 된 듯한 기분이 들죠. 겉으로는 위협적이지도 않고 당신에게 상처를 줄 수 없을 것처럼 보입니다. 하지만 사실 그들은 당신에게 줄 것이 없는 사람들입니다. 그들을 충분히 잘 대해주면 언젠가 보답을 받을 거라고 기대하지만, 대개의 경우엔 당신을 소모시키고 진을 뺄 뿐입니다. 결국 당신은 이용당했다고 느끼고 결코 원하지 않았던 태도를 보이고 말겠지요. 즉 그들을 차갑고 무관심하게 대하다가 심하면 학대할지도 모릅니다.

이 두 가지 유형 모두 처음에는 좋은 의도로 시작했더라도 마지막에는 당신을 망치는 결과를 낳습니다. 이를 피하려면 상대방 성격의 핵심을 미리 파악해야 합니다. 그런 사람들을 만나지 않길 무작정 바라는 쪽보다 이편이 좀 더 효과적인 인간관계를 만드는 데 도움이 됩니다. 우리가 조심해야 하는 사람들은 마음속에 큰 분노를 품고 있거나 상처를 안고 있는 이들입니다.

분노를 품은 사람들은 마치 세상과 전쟁을 치르고 있는 듯합니다. 처음에는 매력적으로 보이기도 하지만, 사실은 경쟁심과 적대감이 가득하고 호전적이죠. 상대방과 의견이 맞지 않을 때마다 싸움으로 몰고 가서 어떻게든 이기려 들지요. 이런 사람과 함께 있으면 자신이 뭔가 잘못됐거나 열등하다는 느낌을 받기 십상입니다.

대개 학대받은 어린 시절로 인해 가슴속에 분노를 품고 있는 사람들은 남에게 지는 것을 절대 참지 못합니다. 어렸을 때 너무 심각한 상처를 받은 나머지 어른이 되어서는 무엇이든 자기 맘대로 하겠다고 결심한 거죠. 당신의 변호사가 이렇게 호전적이라면 반길 일이지만 친구나 연인, 또는 동료가 그러하다면 절대 환영할 일이 아닙니다. 당신은 상처를 받게 될까 두려워서 자신이 원하는 것을 희생한 채 그들의 의도대로 따르게 됩니다.

분노와 증오가 가득한 사람에게 당신이 지닌 목표와 포부를 얘기한다면 그는 당신의 열정을 꺾고 망쳐놓으려 들 것입니다. 그런 사람은 자신보다 못한 사람들과 어울리면서, 주변 사람들에게 무심하게 굴거나 경멸하고 무시하기까지 합니다.

한편 가슴속에 상처를 안고 있는 사람들은 남들에게 상처를 주기보다 자기 스스로 쉽게 좌절하는 경향을 띱니다. 이들과 함께하면 마치 달걀 껍데기 위를 걷는 듯 불안합니다. 그들의 감정이 상하지 않도록 각별히 주의하지 않으면 그들 때문에 죄책감을 느끼게 되고 말거든요. 이들은 무엇이든 자신에 대한 공격으로 받아들이면서도, 그에 맞서지 않고 물러서면서 스스로 무너지는 모습을 보이기 때문에 미안한 감정을 느끼게 하는 겁니다.

이렇게 가슴에 상처를 지닌 사람들은 정서적으로 방치되었던 경우가 많습니다. 성장하는 동안 사랑과 보호를 받지 못하고 스스로를 가치 없고 특별하지 못하다고 느껴왔던 거죠. 이들은 당신을 망치지 않을지 모르지만 당신에게 힘이 되지도 않습니다. 스스로가 너무나 불행하기에 남들에게 도움을 줄 여력이 전혀 없는 거죠. 자신보다 못한 사람들의 주변에 있어도 남들을 도울 기력이 없고, 남들을 돕지 못하기에 스스로를 무능력한 존재로 여기고 맙니다.

다행히 세 번째 유형, 즉 건강한 인격을 지닌 사람들이 존재합니다. 마음이 열려 있고, 자신감에 차 있으며, 강한 신념과 유머 감각을 가진 이들은 우리가 함께하길 원하는 사람들이죠. 어렸을 때부터 충분한 사랑을 받고 안전함을 느끼며 자란 이 건강한 인격의 소유자들은 성실하고 정직하며 진실합니다. 상처를 입거나 화가 났더라도 바로 회복하며, 마음에 원한을 품거나 남을 어떻게든 이기려 애쓰지 않습니다. 또 타인의 성공을 위협으로 여기지 않기 때문에 진심으로 당신을 지지해줍니다. 자신보다 못한 사람에게는 순수한 연민을 느끼고 도와주려 하지요. 정말 필요할 때 의지할 수 있는 사람들입니다.

하지만 불행히도 당신이 만나는 사람들은 대부분 가슴속에 분노를 품고 있거나 상처를 안고 있을 가능성이 높습니다. 그런 사람들과 어울린다고 반드시 자신을 망치게 되는 건 아니지만, 빛을 빨아들이는 블랙홀처럼 주의해야 합니다. 효과적으로 대응하면 이들과도 만족스러운 관계를 이어나갈 수 있습니다. 다만 이것만은 명심하세요, 자신을 변화시켜야 하는 책임은 그들에게 있지 당신에게 문제가 있는 것이 아니라는 점을.

나를 깨우는 한마디

가슴속에 분노를 품고 있는 사람은 피하고,
상처를 안고 있는 사람은 이해해주고,
건강한 인격을 지닌 사람을 찾아라.

L

〈가슴속에 분노를 품고 있는 사람을 다루는 방법〉

- 피할 수 없는 경우라도 당신이 그들을 변화시킬 수는 없습니다.
- 너무 가깝게 지내거나 너무 신뢰하지 않습니다.
- 그들과 경쟁하려 해서는 안 됩니다. 지는 법을 모르는 사람을 이길 수는 없습니다. 설령 이기더라도 당신이 그 승리를 즐기게 놓아두지 않을 것입니다.
- 그들 때문에 위협을 느끼거나 겁을 먹고 자신의 이익을 포기하지 않도록 합니다.
- 논쟁하려 들지 말고 무엇이 공정하고 합리적인지 고민한 뒤에 행동합니다.

〈가슴속에 상처를 안고 있는 사람을 다루는 방법〉

- 그들이 상처를 입은 듯 행동하더라도, 당신이 상처를 준 건 아닙니다.
- 분위기에 휩쓸리지 말고, 기운을 북돋아줘야 한다는 책임감을 갖지 않습니다.
- 그들을 행복하게 해주는 건 당신 능력 밖의 일입니다.
- 냉정하고 객관적으로 대해야 합니다.
- 당신이 그들로부터 어떤 행동과 태도를 바라는지, 그리고 그들이 당신에게 기대할 수 있는 합리적인 선은 무엇인지 사전에 명확히 정해야 합니다.

쿨하게 용서하고 싶은데 분노가 가시지 않아

약자는 결코 용서하지 못한다.
용서는 강한 자의 특권이다.

마하트마 간디

'용서하고 잊어버려라.'

이 말은 좋은 충고이지만 행동으로 옮기기는 정말 어렵습니다. 아무리 마음을 다잡으려 해도 끝끝내 용서하지도, 잊어버리지도 못하는 경우가 비일비재하죠.

용서하지 못하면 비난을 멈출 수가 없습니다. 강력한 방어기제인 비난을 통해 분노와 절망을 쏟아낼 대상을 찾고자 하는 것입니다. 그러면 자신의 결점을 굳이 드러내지 않아도 되니까요. 그렇지만 자기가 가진 문제의 원인을 남 탓으로 돌려버리면 결국 스스로를 수동적 입장으로 몰아넣게 됩니다. 책임으로부터 해방감을 느끼고 잠시 기분이 좋을 수는 있겠지만, 자신의 상황을 나아지게 만들지는 못하게 되죠.

이와 마찬가지로, 잊지 못하면 계속해서 기억하지 않을 수가 없습니다. 이것 역시 일종의 자기보호라고 할 수 있죠. 지난 상처를 잊지 말아야 경계를 늦추지 않게 되리라 여기고, 방심하지 않음으로써 다시 상처받지 않으려는 것입니다. 문제는, 그런 경계심 때문에 너무 긴장하고 조심스럽게 행동하다 보면 사람들이 당신을 대할 때 힘들어하게 된다는 사실입니다. 안전해질 수 있을지는 몰라도 홀로 남게 되겠죠. 그럼 과연 잊어도 괜찮은 때는 언제일까요? 다시 상처 입을 수 있는 상황을 미리 방지하는 방법을 알게 된다면, 그때는 잊어도 괜찮겠지요.

한 기업의 야심차고 젊은 임원인 앨버트는 곧 주어질 승진 기회에 눈독을 들이고 있었습니다. 상사들에게 좋은 인상을 주고 점수를 따기 위해 노력하던 중, 때마침 열린 회사 행사에 아내 셰리와 함께 참석하게 되었죠. 그런데 셰리가 그 자리에서 술을 너무 많이 마시더니 홀로 드럼을 두드리면서 그 장단에 맞춰 춤을 추었고, 끝내는 부주의한 말실수로 앨버트의 얼굴을 화끈거리게 만들었습니다.

그 후 자신의 차지라고 여겼던 자리가 다른 사람에게 돌아가자 앨버트는 아내를 비난하기 시작했습니다. 거의 1년 동안 망신당할까 두렵다며 사교모임에 아내를 데려가지 않았고, 회사에서 일이 잘 풀리지 않아서 기분이 나쁠 때마다 셰리에게 그날 밤 일을 들먹이기 일쑤였죠. 그칠 줄 모르는 그의 책망 때문에 둘의 결혼 생활까지 위협받기에 이르렀고요.

그러다가 연말 업무평가에서 앨버트는 상사로부터 무엇이 문제이며 승진하려면 뭘 해야 하는지 정확한 충고를 들을 수 있었습니다. 당연한 말이지만, 아내가 아니라 그의 성과가 문제였죠.

이렇게 현실을 자각한 그는 그동안 아내를 비난하느라 얼마나 에너지를 낭비했는지 깨닫게 되었습니다. 덕분에 업무 성과가 향상되면서 직장 내에서의 전망이 밝아졌고 아내를 향한 분노도 누그러졌죠. 그는 차분하게 자신이 우려하는 바를 아내에게 전했습니다. 셰리는 남편에게 앞으로 회사 행사에서 과음하지 않을 것이며 신중하게 처신하겠다고 약속했지요. 과거의 사건이 되풀이되지 않을 거라는 이성적인 확신을 갖게 된 앨버트는 용서할 수 있었을 뿐 아니라 아예 그 일을 잊을 수 있었습니다.

용서할 수 있는 최선의 방법은, 그 일에 대해 생각하기를 멈추고 정말 중요한 목표를 성취하는 데 집중하는 것입니다. 과거를 딛고 나아가 만족스러운 삶을 만들고자 애쓴다면 실망감과 분노가 훨씬 줄어들 수밖에 없지요. 그러면 자신의 행동에 대한 책임감도 더욱 커지고 다른 사람을 탓할 필요도 없어집니다. 마음을 닫아두느라 자신의 행복에 상처를 내지 않아도 될 테고요. 무엇보다도 원한을 갚는 것보다 자신의 삶을 보다 아름답게 만드는 일이 인생의 우선순위로 자리 잡겠지요.

한편 잊어버리기 위한 최선의 방법은, 괴로운 기억을 떠나보낼 수 있을 만큼 편안한 마음이 들 때까지 자신의 행동과 주변을 개선하는 것입니다. 과거에 당신을 화나게 한 누군가가 있다면, 그 사람과의 대화와 합의를 통해 다시는 그런 일이 일어나지 않을 거라는 확신을 가질 수 있습니다. 혹은 자신에게 쉽게 상처를 주는 요인들을 파악하여 그에 대한 태도나 행동을 바꾸는 것도 좋은 방법 중 하나입니다. 똑같은 일이 다시 발생해도 크게 절망하지 않고 잘 이겨낼 수 있다는 확신을 갖는다면, 용서하고 잊어버리는 일이 결코 어렵지 않습니다.

나를 깨우는 한마디

더 이상 비난할 필요가 없을 때 용서할 수 있으며, 더 이상 기억할 필요가 없을 때 잊어버릴 수 있다.

- 용서하지도 잊어버리지도 못한다면 그 대가는 누가, 얼마나 많은 대가를 치러야 할까요?
- 상대가 당신에게 무엇을 잘못했는지, 앞으로 그로부터 같은 상처를 받지 않을 것이라는 안전한 확신이 들려면 상대로부터 무엇을 약속받아야 할까요?
- 이 문제를 해결하기 위해 당신은 무엇을 해야 할까요?
- 같은 일이 되풀이되지 않게 하려면 무엇을 더 배워야 할까요?
- 뒤돌아보려 하지 말고 앞을 향해 나아가야 합니다. 더 만족스러운 미래를 만들 수 있다면 과거를 잊어버리기도 한층 쉬울 것입니다.

마음엔 분노가 남았는데 성급히 화해하려고만 들어

말로 하는 폭력은 대개 목구멍에서 이성이 사라졌을 때 나온다.

존 프레데릭 보이스

'인간관계 전문가'라는 평판을 얻은 지 얼마 되지 않았을 때 저는 결혼 생활에 큰 위기가 찾아왔음을 느꼈습니다. 몇 차례의 크고 작은 일이 벌어지고 나서 저와 아내는 서로에 대한 분노가 점점 커졌고 차갑고 적대적인 분위기가 깊어져갔지요. 심지어 제가 더 이상 아내를 사랑하지 않는 게 아닌지 두렵기까지 했습니다.

저는 침대에 누워 있고 아내는 제 옆에서 책을 읽고 있는 어느 날 밤이었습니다. 둘 사이에는 냉랭한 기운이 감돌고 있었죠. 계속되는 불편한 상황을 참지 못한 저는 이제 그만 화해해야겠다고 결심했습니다. 그래서 애정 어린 마음으로 아내를 향해 화해의 손길을 내밀려 했죠. 하지만 정작 제 입에서 터져 나온 건 '선전포고'였습니다.

아내를 향해 터져 나오는 고함을 가까스로 참는 순간, 불현듯 찾아온 음산한 깨달음에 몸서리를 치고 말았습니다. 저는 여전히 아내를 사랑했지만 아내를 미워하지 않을 수도 없었던 것입니다. 빨리 어떤 조치를 취하지 않는다면 우리의 결혼 생활이 서로를 파괴하는 결말로 이어지거나 오랜 냉전으로 접어들 수밖에 없다는 생각이 들었죠. 서로에게 화가 나 있는 상태로 평화롭게 지낸다는 건 불가능했습니다.

"우리 얘기 좀 하자."

제가 겨우 입을 열자 아내가 퉁명스럽게 말했습니다.

"당신과는 할말 없어."

"그래도 어쩔 수 없어. 난 두려워. 당신을 미워하지 않을 수가 없단 말이야."

이 말에 아내도 뭔가가 달라졌음을 느꼈습니다. 제가 '아내 쪽을 향해' 말하는 것이 아니라 '아내에게' 말을 걸고 있다는 것을. 그리고 아내도 고백했죠.

"나도 두려워."

우리는 이불 아래서 자연스레 손을 맞잡았습니다. 서로의 몸을 만진 건 몇 주 만의 일이었죠. 그리고 서로가 간절히 원하는 것에 대해 길고 솔직한 얘기를 나누었습니다.

그날 이후 저는 불화를 겪는 커플들을 상담할 때마다 먼저 마음속의 분노를 해결하기 전에는 성급히 화해하려 해봤자 소용없다는 점을 이해시키려 했습니다. 가슴속에 증오가 자리 잡은 상태로 파트너를 사랑하려고 노력한다 해도, 잠시 동안 휴전은 할 수 있을지언정 진정한 평화는 얻을 수 없습니다. 증오는 방어적인 자세를 취하도록 만듭니다. 사소한 비판에도 마음의 벽을 세우고, 백퍼센트 마음에 들지 않는 이상 상대가 무엇을 하든 과민반응을 보이죠. 이래서는 절대 좋은 관계를 유지할 수 없습니다. 일단 마음속 깊은 곳의 부정적인 생각을 모두 제거한 뒤에야 '나는 이 사람을 더는 미워하기 싫다'는 생각이 한 방 얻어맞기라도 한 듯 들게 됩니다. 그다음에야 비로소 서로 간의 관계를 다시 기초부터 쌓아갈 수 있지요.

증오는 보통 실망에서 시작됩니다. 파트너에게서 나를 짜증나게 하는 성격을 하나둘 발견할 때마다 '내가 사랑에 빠졌던 그 사람이 과연 이 사람이 맞을까'라는 생각이 점차 쌓여가죠. 하지만 처음에는 상처를 주고 싶지 않아서 그 느낌을 있는 그대로 말하길 주저합니다. 그렇게 부정적 감정이 배출되지 못한 채 마음속에 쌓이게 되고, 마침내 너무 화가 나서 도저히 이 관계를 유지하지 못할 거라는 두려움에 휩싸이는 순간이 찾아오는 겁니다. 실망이 분노로 바뀌고, 그 분노가 점차 깊어지다가, 결국은 증오로까지 이어지는 거죠.

누군가를 미워하면 미움받는 사람보다 미워하는 사람이 더 큰 상처를 받습니다.

"언제나 자기 마음대로 할 수 있는 쪽과 다시는 배우자에게 화가 나지 않는 쪽, 이 둘 중에서 어느 쪽을 선택하시겠어요?"

제가 이렇게 물어보면 거의 모든 커플이 입을 모아 말합니다.

"다시는 화나지 않는 쪽이요."

이건 우리들 대부분이 그 무엇보다 증오감이 고통스럽다는 걸 마음속 깊이 알고 있기 때문입니다. 언젠가 한 남편이 제게 이렇게 말했듯이.

"아내보다 더 미운 유일한 건 아내를 미워하는 일입니다."

인생의 마지막 순간에 자신이 그동안 사람들을 제대로 사랑하지 못하고 대부분 미워하며 살아왔다는 걸 깨닫게 되면 얼마나 불행할까요! 파트너와 냉전을 끝내고 싶다면 먼저 증오부터 해결해야 합니다. 언뜻 이상하게 들릴지도 모르지만, 다행스럽게도 사랑의 소멸보다는 증오를 극복하기가 더 쉽습니다. 사랑이 정말 사라졌다면 어떤 의지로도 되살릴 수 없겠지만, 단지 증오라는 구름에 가려져 있을 뿐이라면, 그 증오가 걷힌 후엔 다시 빛나는 사랑을 되찾을 수 있을 테니까요.

나를 깨우는 한마디

더 이상 사랑하지 않을 때가 아니라
서로를 미워하지 않을 수 없을 때 관계는 끝난다.

L

- 자신의 추한 감정을 맞닥뜨리는 걸 두려워하지 말고 마음속에서 그 감정이 활동할 수 있는 여지를 주세요. 그 감정에 걸맞은 증오와 복수의 행동들을 떠올리고 속으로만 실행해봄으로써 마음을 가라앉힐 수 있습니다.
- 상대방에게 자신의 외부에서 느껴지는 증오부터 이야기하되 본인이 가진 적대감의 밑바닥에 숨어 있는 부서지기 쉬운 부분까지 모두 털어놓으세요. 우리의 감정은 여러 겹으로 이뤄져 있습니다. 보통 증오 밑에 분노가, 분노 밑에 절망이 숨어 있죠. 또 절망 밑에는 상처가, 상처 밑에는 두려움이 자리하고 있습니다. 자신의 감정을 계속해서 표현한다면 이 순서대로 하나씩 그 모습을 드러낼 것입니다. '당신이 미워'로 시작해서 '난 두려워. 당신을 잃고 싶지 않은데 어떻게 해야 할지 모르겠어'까지 이어집니다.
- 증오부터 상처와 두려움까지 모두 털어놓았다면 이제 새롭게 시작할 수 있는 기반이 마련되었습니다. 그다음으로 두 사람이 함께해야 할 일은 다음과 같습니다.
  - 각자 자신의 성격적 결함을 한 가지씩 얘기합니다. 자신을 돌아보면 '나만 옳아!'라는 마음에서 벗어날 수 있습니다.
  - 각자 상대방에게서 존경할 점을 한 가지씩 얘기합니다. 존경이 상대에 대한 실망을 해소시켜줍니다.
  - 각자 상대방이 해준 일에 대해 고마움을 표현해봅니다. 감사하는 마음이 분노를 누그러뜨립니다.

𝓛

– 각자 서로에게 상처를 입혔던 일에 대해, 변명하지 말고 사과합니다.
  자신의 행동을 후회함으로써 마음속 상처가 치유될 수 있도록.

이 과정을 거친 다음에야 이제 무엇 때문에 자신이 아팠고 상처받았는지 상대에게 진심으로 표현할 수 있습니다.

다른 사람들을 내 맘대로 바꾸려고 해

우리는 더 이상 상황을 변화시킬 수 없을 때에야
자신을 변화시키려 애쓰게 된다.

빅터 프랭클

최근에 저는 그룹 치료에 참가한 네 쌍의 커플에게 이렇게 물었습니다.

"둘의 관계가 원만해지려면 무엇보다 상대방이 변화해야 한다고 생각하는 분 있나요?"

일말의 망설임도 없이 여덟 명 모두 손을 들더군요. 또 이렇게 물어보았습니다.

"자기 자신이 변화해야 한다고 생각하는 분은요?"

그러자 잠깐의 어색한 망설임 끝에 역시 여덟 명 모두 손을 들었지만, 정말로 스스로가 달라져야 한다고 생각했다기보다는 상대의 기대를 먼저 들었기에 그러했던 것이었죠.

어떤 커플의 관계가 답보 상태에 봉착하는 이유는 대개 둘 다 지금이 변화해야 할 시기라고 느끼지만 그 대상이 서로 상대방이라고 생각하기 때문인 경우가 많습니다. 서로에게 변화를 강요하거나 저절로 바뀌기를 원하기만 할 뿐 상대방을 있는 그대로 받아들이지 않는 거죠. 이렇게 해서는 서로 협조를 얻기는커녕 극심한 저항을 불러일으키므로, 이 또한 자기파괴적 행동입니다. 둘 중 누구도 변하지 않을뿐더러 분노와 괴로움이 두 사람의 관계를 뒤덮게 됩니다. 아마도 가장 흔한 이혼 사유가 '둘 중 한 명이 상대방이 기대한 사람이 되지 못했기 때문'이 아닐까요.

상대방이 바뀌지 않으면 받아들이지 않겠다고 마음먹기보다는 일단 받아들이고 변화를 기대하는 편이 더 낫습니다.

물론 도저히 받아들일 수 없고 타협할 수 없는 특정한 태도와 행동도 있습니다. 만약 그런 상황이라면 관계 자체를 심각히 고려해야겠죠. 자신이 도저히 참을 수 없는 성격을 가진 사람을 바꿔보려고 노력하는 중이라면, 그것이 얼마나 어려운 일인지, 또 자칫 자신이 얼마나 비참해질 수 있는지, 그 난이도를 절대 얕잡아봐서는 안 됩니다.

하지만 그 정도의 상황이 아니라면, 우선 상대방을 받아들이고 바뀌기를 기다려보는 것이 최선의 전략입니다. 그렇다고 신경 쓰이는 부분에 대해 입을 다물라는 건 아닙니다. 다만 상대에게 보다 열린 태도를 취하자는 것이죠. 예를 들어 '당신을 사랑하지만 이런 점이 나를 힘들게 해. 그러니 이런 점이 바뀌었으면 좋겠어'라는 메시지를 전달하는 것이 '당신이 바뀌지 않으면 이젠 정말 끝이야'라고 몰아세우는 것보다 더 긍정적인 반응을 불러올 거라는 얘깁니다. 당신이 못마땅해하는 그 성격 때문에 상대방 역시 힘들어할 수 있습니다. 따라서 당신이 받아들이는 태도를 보여준다면 상대방은 보다 안도감을 느끼고 그 성격을 고치는 데 열중할 것입니다.

이런 조건부 수용은 부모와 자식 간에도 중요한 문제입니다. 한부모 가정의 모녀인 게일과 마시의 사례를 들어보겠습니다. 엄마 게일은 딸 마시가 자존감 강한 여성으로 자라길 바랐지만, 마시는 야심도 의지도 부족한 듯 보였습니다. 자신이 바라는 성격대로 딸이 자라주었으면 하는 욕심 때문에 게일은 딸을 다그치고 벌주기까지 했죠. 그런 행동으로 마시가 얼마간 자극을 받는 듯싶었지만 오래지 않아 엄마에게 저항하는 태도로 돌아왔습니다. 마치 자기 삶의 주인은 다름 아닌 자신임을 입증하려는 듯 스스로의 미래를 위험에 빠뜨리는 것조차 서슴지 않았죠.

저는 게일에게 이렇게 조언했습니다.

"마시를 있는 그대로 받아들일 수는 없을까요? 그러지 않으면 마시는 더 성장하지 못할 테고, 그건 결국 엄마로서 느끼는 당신의 기쁨을 스스로에게서 빼앗는 결과가 되고 말 겁니다."

딸을 있는 그대로 받아들이는 건 게일에게 엄청난 노력이 필요한 일이었지만, 나중에는 확실한 보상을 받았습니다. 마침내 마시가 지금까지와 다르게 살아보겠다고 마음먹게 되었으니까요. 하지만 그 선택이 엄마의 인정을 받기 위해서가 아닌, 자기 의지의 결과물임을 확신하지 못했다면 마시는 절대 바뀌지 않았을 것입니다.

막연히 다른 사람들이 바뀌기만을 기대한다면, 목을 빼고 기다리다가 미쳐버릴지도 모릅니다. 그렇다고 억지로 변화시키려 한다면, 이번에는 당신 때문에 그들이 미쳐버릴지도 모르죠. 그러므로 일단 그들을 있는 그대로 받아들인 후 바뀌었으면 좋겠다고 말해보세요. 분명 그들이 노력하는 모습을 보게 될 것입니다.

나를 깨우는 한마디

선불리 다른 사람을 바꾸려 하지 말고
그들 스스로 바뀌길 기다려라.

- 다음번에 당신이 중요하게 생각하는 사람에게 크게 실망하는 일이 생긴다면, 잠시 멈추고 스스로에게 물어보세요. '이 사람이 절대 바뀌지 않아도 괜찮을까? 그래도 여전히 이 사람을 사랑할 수 있을까?' 만약 그 답이 '예스'라면 자신의 기대치를 낮추고도 여전히 그 관계에 만족해야 한다는 뜻입니다.
- 마음에 들지 않는 상대를 있는 그대로 받아들인다고 스스로를 무기력한 피해자처럼 여길 필요는 없습니다. 당신은 상대를 '있는 그대로 두겠다'고 적극적이고 의식적으로 선택한 것입니다.
- 그 사람의 장점과 단점을 하나씩 떠올려봅니다.
- 진심으로 상대를 수용하기 위해 그 사람의 장점에 대해 마음속 깊이 감사하는 시간을 가져봅니다.
- 상대의 단점을 변화시켜야 한다는 당신의 '필요'보다 상대가 바뀔 거라는 자신의 '기대'를 더 소중히 여기세요. 자신이 아닌 다른 사람이 바뀌느냐 마느냐에 스스로의 행복을 걸어서는 안 됩니다.
- 상대에게 가혹하기보다 관대한 사람이 되기를 스스로 선택했다는 것은 자랑스러워할 만한 일입니다.
- 만약 상대에게 어떤 점이 바뀌었으면 좋겠는지 얘기하려 한다면 '내게서도 바뀌었으면 하는 점이 있어?'라고 일종의 거래를 제안해봅니다. 이렇게 공평하게 노력하기로 한다면 변화를 향한 그 사람의 의욕을 부추기는 데 도움이 됩니다.

다른 사람에게 바라는 게 왜 이리도 많을까

모든 인간은 신을 필요로 한다.

호메로스

우리는 누구나 타인을 필요로 합니다. 그러나 상대방이 이용당하고 있다는 느낌이 들 정도로 우리가 끊임없이, 만족할 줄 모르고, 과도하게 요구한다면 그 필요가 결국은 자기파괴적 행동으로 변질됩니다. 계속해서 요구하는 모습을 보이면 사람들은 당신을 욕심쟁이로 여기겠지요. 또 원래의 몫보다, 받아야 할 대가보다 더 많이 가지려 한다고 느낄 겁니다. 물질적인 호의나 지원을 너무 많이 요구하는 게 일부 원인은 될 수 있어도 문제 그 자체는 아닙니다. 사람들을 정말 화나게 하는 건 당신의 정서적 결핍입니다.

이런 결핍을 자신의 기본 모토로 삼은 사람은 타인을 '자신을 평가해주는 대상', '자신에게 확신을 주고 가치를 강화해주는 대상'으로 여깁니다. 하지만 이건 대부분의 사람들이 줄 수 있는 범위를 넘어선 것이지요. 베풂을 곧 보상으로 여기는 성자聖者가 아닌 한, 당신에게 호의로 베풀었던 것이 의무처럼 느껴지는 순간 상대는 등을 돌려버립니다. 후회가 솟구치면서 당신과 어울리는 것을 두려워하기 시작하겠지요.

정말 결핍이 심한 사람들 중에는 정반대로 행동하는 경우도 있습니다. 자신의 필요를 감추고 부족한 게 없는 듯 보이려 하죠. 자존심이 너무 강해서 아무것도 필요 없는 듯 행동하기도 합니다. 그런 사람들은 거만하거나 잘난 체한다고 여겨지기 쉽지요. 이들 앞에서는 내가 쓸모없는 존재처럼 느껴지고, 심지어 뭔가를 바란다는 게 창피한 일이라는 생각까지 하게 되므로 짜증이 솟구칩니다.

이렇게 우리가 뭔가를 줄 수 있는 기회까지 거부하는, 아무것도 필요 없는 듯 행동하는 사람들과는 인간관계를 맺기 어렵습니다. 우리들 대부분은 타인에게 가치 있는 뭔가를 베풀 수 있다는 데서 부분적으로나마 자신의 가치를 찾기 때문이죠.

아무것도 필요 없는 척하면서 순교자처럼 행동하는 사람들도 있습니다. 이런 가짜 순교자들이 짜증나는 이유는 그들에게 뭔가를 베푸는 것이 잘못인양 느껴지게 하기 때문입니다. 그렇게 아무것도 필요 없는 듯 행동하다가 그들은 갑자기 엄청난 요구를 하지요. 여기에 응하지 못하면 크게 상처받았다는 듯 '내가 너한테 지금껏 어떻게 해줬는데'라며 생색을 냅니다. 그래서 다시 뭔가 보답하려 하면 이번에는 '나한테 잘해줄 필요 없어'라고 하죠. 이런 오락가락하는 태도에 결국 사람들은 지쳐버리고 이 순교자들이 정말 뭘 원하는지 더 이상 알고 싶어 하지도 않게 됩니다.

이런 결핍감은 대개 자기 혼자서는 두 발로 설 수 없다는 어린 시절의 불안감이 성인의 두려움으로까지 이어진 결과입니다. 타인의 존재를 마치 구원자처럼 여기는 거죠. 이를 극복하려면 불안감이나 두려움은 모두가 겪고 넘어서야 하는 대상이라는 사실을 받아들여야 합니다.

하지만 결핍감 그 자체가 아니라 '결핍된 것처럼 행동'하는 것이 문제인 경우가 많습니다. 어떤 이들은 자신을 실제보다 훨씬 더 의존적인 사람인 것처럼 보이려 하죠. 만약 당신이 이런 경우라면 자기 자신을 '결핍형 인간'보다는 '필요형 인간'처럼 보이도록 행동해보길 권합니다. 제가 말하는 필요형 인간은 상대가 받아들일 수 있는 수준의 요구를 할 줄 아는 사람입니다. 합리적으로 부탁하기에 다른 사람들이 기꺼이 도와주려는 사람, 도움을 받았을 때 감사를 표현하고 보답하려는 사람, 그리고 혹여나 필요한 것을 얻지 못하더라도 스스로 노력하면서 남을 원망하지 않는 사람입니다.

필요형 인간은 '부탁'을 하지만 결핍형 인간은 '요구'를 합니다. 필요형 인간은 타인에게 '의지'하지만 결핍형 인간은 타인에게 '의존'합니다. 필요형 인간은 진심으로 감사할 줄 알지만 결핍형 인간은 다음번에 또 뭔가를 얻기 위한 방편으로 감사함을 표현합니다.

당신이 결핍형 인간처럼 행동한다면 사람들은 당신을 가져갈 줄만 아는 사람으로 여길 것입니다. 이런 사람에게 뭔가를 베푼다는 건 매우 어려운 일입니다. 하지만 필요형 인간처럼 행동한다면 사람들은 당신이 욕심낸다고 생각하지 않고 마땅히 받을 자격이 있다고 여길 것입니다. 그러므로 결국 당신이 원하는 것을 내주게 됩니다.

나를 깨우는 한마디

무조건 바라기만 하면 타인의 분노를 부르고 아무것도 필요 없는 듯하면 타인에게 좌절감을 주지만, 필요한 것을 제대로 표현하면 타인의 도움을 얻는다.

- 무조건 바라기만 하는 유형이라면 사람들이 처음에는 원하는 대로 들어주다가도 결국 당신에게 화를 내게 됩니다.
- 아무것도 필요 없는 듯 행동하면 사람들이 당신에게 베풀 수가 없고 그들에게 좌절감을 안긴다는 사실을 깨달아야 합니다.
- 다른 사람으로부터 필요한 게 무엇인지 정확히 표현하는 방법을 배우되 그 표현이 지나친 요구처럼 들리지 않게 해야 합니다.
- 자신이 받은 것에 감사할 줄 알고, 뭔가 필요한 사람에게 베풀 줄 안다는 점을 다른 사람들에게 알려야 합니다.
- 필요로 한 것을 얻었을 때는 진심으로 감사함을 표현합니다.
- 아무것도 얻지 못하더라도 화를 내거나 다른 사람을 원망하지 않을 준비를 해두어야 합니다.

주변 사람들을 모조리 다 챙기려 들어

사랑을 자극하는 것보다 무관심을 치료하기가 더 쉽다.

성 히에로니무스

너무 지치고 힘들다는 생각이 들 때마다 저는 로스앤젤레스의 베니스 비치에서 체인톱으로 공중 저글링을 하던 거리의 행위 예술가를 떠올립니다. 공중에서 톱을 낚아채면서 날카로운 톱날 하나하나에 어찌나 집중하던지, 그 강렬함에 경외감까지 느껴졌습니다. 아주 조금만 방심해도 팔을 잃기 십상일 테니까요.

그 곡예사와 마찬가지로 저도 제가 수행하는 각각의 역할에 최선을 다해 집중해야 합니다. 남편, 아빠, 아들, 형제, 의사, 친구, 교수…… 어떤 면에서는 제가 곡예사보다 더 힘듭니다. 그는 체인톱으로 묘기를 부리지만 저는 사람들을 데리고 묘기를 부려야 하니까요. 저의 모든 역할이 다 중요하지만 각각에 쏟을 수 있는 시간은 한정되어 있기에, 제게 소중한 사람들 모두가 무시당한다는 느낌을 받지 않도록 특히 유의하는 편입니다.

할일이 많고 바쁜 와중에도 모든 사람의 바람을 공평하게 들어주려 하는 것도 사실은 자기파괴적 행동입니다. 왜냐하면 그러다가는 결국 자기 자신을 포함해 그 누구에게도 공평하게 대하지 못할 것이기 때문이지요. 일을 너무 넓게 벌렸다가는 정신이 탈탈 털리기 일쑤일 뿐 아니라 당신이 제때 그 자리에 있어주길 바라는 사람들부터 경멸과 분노를 사게 될 위험마저 있습니다.

여기서 핵심은 사람들과 함께할 때 그들이 각각 중요하게 대접받는다고 느끼도록 만드는 것입니다. 제가 아는 수많은 바쁜 사람들 중에서 자신만의 묘기를 아주 잘 부리는 사람들은 각각의 활동과 사람에게 골고루, 그리고 완전히 관심을 쏟습니다. 사무실에서는 일에 몰두하고, 집에 돌아와서는 일은 제쳐두고 배우자와 부모 역할에 집중합니다. 자신의 어머니와 있을 때, 혹은 상사나 회계사와 함께할 때 각각 장성한 아들, 직원, 고객으로서의 역할에 충실하죠. 모든 일에 입구와 출구가 명확하며 누구도 '거의 항상' 부족함을 느끼지 않습니다.

굳이 '거의 항상'이라는 단서를 붙인 까닭은 바쁘게 살다 보면 사랑하는 사람이 서운함을 느끼는 순간이 분명히 올 것이기 때문입니다. 그런 일이 생겼을 때 저는 이렇게 조언합니다.

"당신은 내게 가장 소중한 남편(또는 아내)이야. 얘들아, 너희는 나의 가장 소중한 자식들이다. 내 직업은 내게 가장 소중한 일이지. 그리고 나는 내게 가장 소중한 자기 자신이야. 그러니 설령 나 때문에 섭섭한 일이 있었다면 그건 내가 소홀했던 탓일 거야. 미안해. 다만 내 인생의 모든 부분이 소중하다는 걸 이해해주었으면 좋겠어."

그러나 역시 말로 모든 것을 해결할 수는 없습니다. 누군가를 소중하게 생각하는 마음은 오직 행동으로만 제대로 표현될 수 있습니다. 예를 들어 당신이 약속을 지키지 않는다면 이후에 어떤 위로의 말을 건네도 자녀나 배우자의 속상한 마음을 쉽게 풀어줄 수 없습니다. 수동적으로 행동하기보다 적극적으로 대응하는 것도 중요합니다. 사람들은 자기가 부탁한 대로 들어주는 쪽보다 당신이 먼저 약속하고 제안할 때 자신이 당신에게 중요한 사람이라고 느낍니다. 자녀가 자신의 축구 경기를 보러 와달라고 요청했을 때 들어주는 것보다, 부탁받기 전에 미리 '곧 있으면 큰 경기가 있지 않니? 네가 뛰는 걸 어서 보고 싶구나'라고 얘기한다면 어떨까요?

사람들이 자기가 당신에게 소중한 존재라고 느낀다면, 그들은 당신의 시간을 빼앗는다고 느끼지 않습니다. 다만 다음과 같은 사항에 유의해야 합니다.

첫째, 시간을 공정하게 나누려다가 자칫 모두가 불만을 갖게 될 수 있습니다. 다른 사람들보다 '더' 중요한 사람들이 있다는 사실을 그 사람들도 꼭 알게 해야 합니다. 둘째, 당신 역시 스스로에게 소중한 사람이므로 자신에게 시간을 투자한다고 해서 죄책감을 갖지 말아야 합니다. 셋째, 모두가 공평하게 행동하려고 진심으로 노력하고 있으니 당신과 주변 사람들도 각자의 몫을 양보해야 합니다. 사회구조와 우리가 어떤 일에 쓰는 시간의 양은 우리가 거기에 부여하는 진정한 가치와 아무런 상관이 없는 경우도 많습니다.

사람을 다루는 일은 체인톱으로 묘기를 부리는 것보다 육체적인 위험이 덜할지는 모르지만 나름의 위험을 수반하게 마련입니다. 부주의하게 다룬다고 팔을 잃지는 않겠지만 소중한 관계가 절단될 수 있죠. 하지만 사람들이 당신에게 소중한 존재로 여겨진다고 믿게끔 만든다면, 자칫 그들을 잃을까 두려워하지 않고 주변 사람들 모두를 지켜낼 수 있습니다.

나를 깨우는 한마디

주변 사람들이 나의 시간을 갈구하게 만들되
모두가 소중한 존재라고 느끼게 하라.

L

당신이 사람들을 얼마나 소중히 여기는지 보여줄 수 있는 방법들 중에 다음과 같은 '3C'의 비결이 있습니다.

- 배려Concern : 방해하거나 재촉하지 말고 그들이 걱정, 두려움, 좌절감에 대해 편안하게 얘기하도록 들어줍니다.
- 호기심Curiosity : 상대방이 요청하기 전에 그들에 대한 관심을 보여줍니다. '오늘 잘 지냈어?'라고 말하기보다 '오늘 회의는 잘됐어?'라고 물으면 세세한 부분까지 신경 쓰고 있다는 느낌을 더 잘 전달할 수 있습니다.
- 신뢰Confidence : 문제를 해결하는 상대방의 능력을 믿고 존중한다는 점을 보여줍니다. 고민을 듣고 곧바로 조언해주기보다 '그럼 다음엔 어떻게 할 생각이야?' 또는 '네 결정을 언제 그 사람들에게 알릴 거야?' 하는 식으로 질문하는 것이 좋습니다.

사람들 사이의 게임에 뛰어드는 게 두려워

위대한 점수기록관이 당신의 이름을 새길 때는
승패가 아니라 당신이 게임을 어떻게 치렀는지를 기록한다.

그랜틀랜드 라이스

사람들은 종종 제게 연인, 가족, 직장 동료들 간에 벌어지는 '게임'에 대해 불평합니다. 때로는 자기만의 확고한 도덕적 신념이나 조종당하는 듯한 불편함을 이유로 게임을 거부하지만, 대개는 별것 아닌 이유로 게임이 줄 수 있는 보상마저 부정하려 합니다. 자신은 이런 게임을 할 만큼 낮은 위치에 있지 않다거나 게임의 목적이 중요하지 않다면서 스스로에게 거짓말을 하는 경우도 있지요. 하지만 사실 그들은 그 게임을 잘하고 싶지만 자신의 능력 부족으로 잘하지 못하면 어쩌나 걱정하는 것입니다.

'나는 게임이 싫다'는 사람들 중 대부분은 게임을 잘 못합니다. 화학업계의 영업사원인 베스가 딱 좋은 예입니다. 그녀는 유능하고 의욕이 넘쳤지만 자신이 바라는 성공의 수준에는 미치지 못했습니다. 베스는 그 수준에 이미 도달한 동료들을 비웃곤 했습니다.

"그들은 게임에 빠져 있어요. 잡담과 아첨이나 하면서 늘 잘되는 쪽에 달라붙죠. 그런 역겨운 짓을 참지 못하지만 않았더라도 제가 그 자리에 올랐을 거예요."

사실 그녀는 그 무리에 끼지 못하고 자신만 고고한 척하고 있을 뿐이었습니다. 화학을 공부한 그녀는 전공을 살리면 영업직에서 더 성공할 거라고 기대했지만, 과학적 전문성만으로는 부족하다는 걸 깨달았습니다. 무엇보다 사교성이 떨어졌죠. 사람들은 그녀와 어울리는 걸 불편해했습니다. 하지만 그녀는 일이 잘 굴러가게끔 해줄 사교술을 더 갖추는 대신 혼자만 옳은 체함으로써 사람들과 더욱 멀어지게 만들어버린 것입니다.

참여할 만한 가치가 없는 게임도 분명히 존재합니다. 타인을 해치는 것이 목적인 게임, 사기나 기만·흉악한 범죄를 요구하는 게임, 패배했을 때의 벌칙이 도를 넘는 게임 등이 그렇죠. 이런 게임에 뛰어들었다가는 자존감이나 사회적 평판을 해칠 수 있습니다. 단지 친구와 사회적 영향력을 잃는 데 그치지 않고 피해망상에 빠지고 말죠. 자신이 남을 속였으니 언제든 자신도 똑같이 당할 수 있다는 생각에서 벗어나지 못할 겁니다. 또한 죄책감에 시달리다 언젠가 속죄할 날이 찾아올 거고요.

하지만 해롭지 않을 뿐더러 가치 있고 삶에 도움이 되는 게임이 더 많습니다. 냉정하고 가차 없는 게임이 아닌, 세심하고 사려 깊은 게임 말입니다. 제가 접했던 가장 멋진 사례는 아이리스와 헨리 맥카버 부부가 55년간의 결혼 생활 동안 치렀던 게임입니다. 헨리가 병상에서 모르핀 주사를 맞으며 임종을 맞이할 때 아내 아이리스는 한결같이 그의 곁을 지켜주었죠. 어느 날 그녀는 남편의 손등을 다정하게 쓰다듬으며 속삭였습니다.

"고백할 게 있어요. 사실 난 당신에게 푹 빠져 있었거든요. 늘 당신을 원해왔지만, 당신이 나를 쫓는 걸 얼마나 즐기는지 알았기에 잡히지 않으려고 연기한 거랍니다."

그러자 헨리는 아직 남아 있는 힘을 그러모아 미소로 답했습니다.

"그게 바로 내가 당신을 사랑하는 이유라오."

그 무엇보다 정직을 최고의 가치로 여기는 사람일지라도 이런 작은 게임들의 아름다움을 그냥 지나칠 수는 없을 것입니다.

궁극적으로는 게임에서 이기느냐 지느냐가 아니라 그 게임에 참여할 만한 가치가 있는지가 중요합니다. 부정한 방법으로 남을 이용하려는 게임을 즐기다가는 '되로 주고 말로 받는다'

는 속담이 옳다는 점을 확인하게 될 것입니다. 가치 있는 게임은 사람이 아닌 기회를 이용하고, 분명하고 공정한 규칙에 따라 운영됩니다. 누군가가 이기기 위해 누군가는 반드시 져야 하는 제로섬게임과는 거리가 멉니다.

나를 깨우는 한마디

게임에 맞서는 최고의 방어는
그 게임을 잘하는 것이다.

L

- 게임에 참여하는 게 꺼려진다면 하고 싶지 않아서인지, 아니면 단지 하는 법을 모르기 때문인지 확인해봅니다.
- 게임을 하고 싶지 않다면 그 이유를 스스로에게 물어봅니다. 그 답이 만족스러울 정도로 명쾌하다면 게임에 끼지 않아도 됩니다.
- 게임에 참여하기로 결정했다면 어떻게 해야 잘하는지 파악해야 합니다. 그 게임의 승자를 연구하는 것도 좋은 방법 중 하나입니다.
- 게임의 규칙을 배웁니다. 사람 간의 게임이든 조직 내의 게임이든, 그 규칙이 분명하게 드러나 있지 않은 경우가 많습니다. 그 규칙을 알아내는 것이 사실상 게임의 절반이기도 합니다.
- 자신의 능력을 정확히 알아야 합니다. 당신은 그 게임을 잘하는 데 필요한 요건을 갖추고 있습니까?
- 다른 선수들도 파악해야 합니다. 누가 내 적이고 내 동료인지, 과연 누구를 믿을 수 있는지.
- 냉정함을 유지하는 법을 익힙니다. 예기치 못한 일에 맞닥뜨렸을 때 너무 긴장해서 지는 경우가 다반사입니다. 만반의 대비 태세를 갖추려면 휴식을 잘 활용해야 합니다.
- 자신의 한계를 인정하고, 게임이 당신의 위신을 깎아먹을 정도로 위험하게 진행된다면 멈출 줄도 알아야 합니다.

남이 잘되는 꼴만 보면 속이 뒤틀려

성공한 친구를 시기하지 않고 축하하는 것은
아무나 가질 수 있는 인격이 아니다.

— 아이스킬로스

스티븐 크레인이 1895년에 펴낸 소설《붉은 무공훈장The Red Badge of Courage》에 등장하는 주인공은 상이군인들의 가슴에 달려 있는 용기의 상징, 무공훈장을 부러워합니다. 전장에서 부상을 입고 돌아온 사람들처럼 자신의 몸에도 상처가 나기를 바라는 건 명백한 자기파괴적 태도입니다. 그런데 타인의 성공, 지위, 행운, 외모 등을 시기하는 것 역시 자기파괴적 행동의 일종입니다.

무엇보다 시기심은 스스로 부끄러움을 느끼게 만듭니다. 우리들 대부분은 자신이 갖고 싶은 것을 남이 가졌더라도, 자신은 그 사람이 잘되도록 빌어줄 수 있는 관대한 사람이길 원합니다. 그러나 우리가 그러지 못했을 때, 자신이 바라는 것을 남도 갖지 못하길 빌고 있는 스스로를 발견했을 때 옹졸하고 이기적인 자신을 미워하게 됩니다.

또한 남들은 가졌지만 나는 갖지 못한 것에만 집착하다 보면 부정적인 자기암시에 빠질 수 있습니다. 그러면 스스로의 눈에도 자신이 부족한 사람처럼 보입니다. 게다가 이렇게 자신에게 늘 뭔가가 부족하다고 여기는 사람과는 누구도 친해지거나 함께 일하고 싶어 하지 않습니다.

마지막으로, 시기하는 마음은 '충분함'을 '부족함'으로 바꿔버립니다. 그래서 실제로는 부족한 게 없는데도 고통스러운 박탈감에 시달리게 되지요. 자신이 불행하다는 생각이 마음속에 너무 넓게 자리하면 행복의 필수 요소인 만족감과 고마움을 느끼는 것조차 불가능해집니다. 이런 감정을 빼앗긴 삶은 그야말로 황폐한 사막과도 같습니다.

다행인 것은 시기심이 불치병은 아니라는 사실입니다. 제 경험상 시기심을 극복하는 가장 효과적인 방법은 자신이 갈망하는 것을 가진 사람과 함께 어울리는 것입니다. 선뜻 이해되지 않을지도 모르겠지만요. 상대적으로 자신이 더 우월하고 운이 좋다는 기분을 줄 수 있는 이들과 시간을 보내는 편이 시기심을 치료하는 데 더 낫지 않겠냐고 생각할 수도 있습니다. 하지만 그것은 임시방편에 불과합니다. 제가 제안하는 방법이 두 가지 측면에서 더 효과적입니다.

첫 번째는 자신이 시기하는 사람과 어울림으로써 당신이 부러워하던 일부만이 아닌 그들의 삶 전체를 볼 수 있습니다. 그들에게 미처 생각지 못한 결점과 약점이나 질병, 불행한 결혼, 소외된 자녀, 수많은 적 등이 있다는 사실을 발견하게 될 수도 있죠. 혹은 운명이 행운과 함께 안겨준, 당신이 경험해보지 못한 수준의 고난과 역경을 그들이 극복해왔다는 점을 알게 될 수도 있습니다. 아니, 알고 보니 사실 그들이야말로 당신을 시기하고 있을지도 모르는 거죠.

실제로 저는 다섯 명의 여성으로 구성된 상담 치료 그룹에서 이런 사례를 본 적이 있습니다. 그들 중 한 명인 린다는 부자에다 아름답기까지 했습니다. 다른 네 명은 비록 드러내지는 않았지만 그녀를 엄청나게 시기했고, 그 점이 린다의 마음을 불편하게 했습니다. 하루는 그 넷 중 한 명이 린다의 헤어스타일에 대해 이러쿵저러쿵 말을 늘어놓고 있었죠. 그러자 린다는 가발을 벗어 그 여자에게 건넸습니다.

"여기, 이거 가져요."

린다는 항암 치료의 부작용으로 인해 머리가 다 빠진 상태였던 것입니다. 린다가 가진 것만 부러워하던 여성들은 그제야 깨달았죠. 사실 린다는 자신이 가진 것 때문에 힘들어한다는 점을.

자신이 시기하는 사람과 어울려야 하는 두 번째 이유는 그들에게서 배우기 위함입니다. 마치 우라늄 원자처럼 시기심에는 건설적인 힘으로도, 파괴적인 힘으로도 변할 수 있는 에너지가 담겨 있습니다. 그래서 당신을 비탄에 빠뜨릴 수도 있고, 용기를 불어넣을 수도 있죠. 당신을 한심한 불평꾼으로 만들 수도 있고, 강력한 도전자로 만들 수도 있고요. 시기심은 당신 안에 구멍 하나를 냅니다. 그 구멍에 빠진다면 뒤로 나자빠질 수밖에 없죠. 하지만 건설적 행동으로 그 구멍을 메운다면 시기심은 오히려 당신이 전진하는 데 도움이 되어줍니다.

이런 건설적 행동을 시작하려면 먼저 당신이 부러워하는 대상을 얻기 위해 필요한 자질과 취해야 할 행동을 파악해야 합니다. 당연한 말이지만, 만약 물려받은 재산이나 타고난 외모, 복권 당첨 같은 행운을 시기하고 있다면 그것을 어찌할 방법은 없습니다. 생물학적 유전과 운명은 불공평할 수 있다는 사실을 받아들이는 수밖에요.

하지만 특정 분야에서의 성공을 부러워한다면 이미 성공한 사람들을 연구하면 됩니다. 그들이 그러한 성공을 어떻게 이루었는지 알아내야 합니다. 그들의 기술이나 훈련법, 또는 개인적 자질이 당신도 얻을 수 있는 것들인가요? 그들의 철학이나 가치관을 당신도 받아들일 수 있나요? 그들의 계획을 당신도 따라할 수 있나요? 제 경험상 다른 사람들이 부러워하는 그 사람들 또한 우리와 별반 다르지 않습니다. 그들에 대해 보다 자세히 알게 된다면 '나도 저랬으면'이 아니라 '나도 할 수 있어!'라는 생각이 들게 됩니다.

한 가지 유의할 점은 시기심을 행동으로 전환하기 전에 먼저 좀 더 수용 가능한 감정으로 바꿔야 한다는 것입니다.

그 첫 단계는 자신의 적대감을 '제거'하는 것입니다. 당신이 원하는 것을 남이 갖지 못하길 바라거나 잃어버리길 바라는 마음을 중단해야 합니다.

그런 후에는 다음 단계인 '존경'으로 나아갈 수 있습니다. 상대의 성취나 행운을 자신과 비교하지 말고, 있는 그대로 존중하는 법을 배워야 합니다. 존경하는 사람이라면 당신보다 더 많이 가졌다고 상대적인 박탈감을 느끼지 않을 수 있습니다.

'존경' 다음의 마지막 단계는 '모방'입니다. 그 사람을 부러워하게끔 만든 자질들을 배우고 발전시켜서 스스로를 자랑스러워하게 된다면, 자연스럽게 시기심도 사라집니다. 자부심과 시기심은 동시에 느낄 수 없는 감정이니까요.

나를 깨우는 한마디

시기심을 자기계발의 원료로 활용한다면 그 노예가 되지 않을 수 있다.

- 남을 시기하고 있다는 걸 알게 된다면 일단 멈추세요. 충동적인 행동이나 태도는 결국 자신에게 해가 됩니다.
- 다른 사람에게 깊은 적의를 느끼더라도, 자신이 악한 사람이라서가 아니라 다만 박탈감의 고통을 줄이기 위해서라는 점을 자신에게 상기시켜야 합니다.
- 당신이 시기하고 부러워하는 사람을 공부하고 그 사람의 진짜 삶이 어떠한지 알아낸다면, 당신이 생각한 만큼 부러워할 것이 많지 않다는 점을 깨달을 수도 있습니다.
- 그 사람이 가진 것을 부러워하기보다 그를 인정하고 존경하도록 노력해 봅니다.
- 그 사람이 당신의 부러움을 살 수 있게 만든 자질과 능력이 무엇인지 밝혀냅니다.
- 그 자질과 능력을 모방할 수 있는 방법을 찾아보고, 자신의 것으로 만들기 위한 건설적 행동을 시작합니다.

내 인생인데
남의 손에 휘둘리는 걸
보고만 있어

자기 자신에게서 행복을 찾기란 쉽지 않다.
그러나 다른 곳에서 행복을 찾기란 아예 불가능하다.

아그네스 리플라이어

스스로 '남을 즐겁게 해주는 데 일가견이 있다'고 자부하는 법률사무보조원 프랜(32세)은 제가 '체셔 캣 신드롬'이라고 이름 붙인 증상을 겪고 있었습니다. 그녀는 제게 자신이 마치 〈이상한 나라의 앨리스〉에 등장하는, 나타났다 사라졌다 하면서도 늘 미소 짓고 있는 고양이같이 느껴진다고 제게 털어놓았습니다. 프랜은 부모, 상사, 친구, 연인 등 주변의 모든 사람에게 미소를 보이며 살아왔지만, 제게 치료를 받는 지금 그녀의 얼굴은 고통으로 일그러져 있습니다.

"제가 점점 더 사라지고 있는 것만 같아요. 이러다 완전히 없어져버리는 건 아닌지 걱정돼요. 그런데 어떻게 이걸 멈출지 모르겠네요."

프랜처럼 타인에게 자신의 모습이 어떻게 비칠지 너무 신경 쓰다가 정작 자신을 잃어버리는 사람이 많습니다. 마치 자존감으로 향하는 고속도로에 타인의 의견이라는 통행요금소가 설치되어 있어서, 그곳을 통과할 때마다 자신의 정체성 일부를 요금으로 내기라도 하는 것 같지요.

제가 치료한 성인 환자들 중에는 자신의 어린 시절에 대해서는 별로 기억하지 못하면서 다른 사람들의 모습은 꽤나 생생하게 기억하는 사람이 많습니다. 엄마와 아빠가 언제 행복하거나 슬퍼했는지, 열광하거나 지쳤는지, 쾌활하거나 화를 냈는지 똑똑히 떠올리는 겁니다. 이는 그들이 어렸을 때 안전함을 느끼려면 화난 아빠를 기쁘게 하고 우울해 있는 엄마를 밝게 만들어야 하고, 그들을 화나거나 우울하게 만들어서는 안 된다는 걸 배웠기 때문입니다. 활기차고 진취적이며 성장하는 아이로서의 삶에 집중하기보다 늘 집안을 좀 더 평안하고 위험하지 않게 만드는 데 온 힘을 기울였던 것이죠. 그 결과 자신이 의존하는 사람이 어떻게 생각하느냐에 따라 자신의 가치가 결정된다고 생각하게 되었습니다. 부모가 행복해해야 자신이 가치 있는 존재가 되고, 부모가 불행해 보이면 자신의 잘못이라고 여겼던 것입니다.

타인의 욕구와 바람을 너무 신경 쓰는 태도가 어른이 될 때까지 이어지면 입증하고, 보이고, 숨기고, 기쁘게 하려는 성격으로 굳어집니다. 즉 항상 남에게 뭔가를 증명해 보여야 하고, 그들에게 자신의 가치를 보여야 하며, 그들에게 불쾌한 사실은 숨기고, 그들을 늘 기쁘게 하느라 인생의 대부분을 소모하게 되죠. 이 모두가 자신이 안전하며 가치 있는 사람이라고 느끼기 위한 노력인 것입니다.

남에게 자신을 증명하려 하는 이유는 남들이 나를 믿지 않는다고 느끼기 때문입니다. '내가 그들이 믿어도 되는 사람이라는 걸 증명해 보여야 해'라고 생각하는 거죠.

이렇게 자신을 증명하려는 태도가 마음속 깊은 곳의 상처에서 비롯된 것인 반면, 남들에게 자신을 보이려는 태도는 분노에 뿌리를 두고 있습니다. 어떻게 해도 남들이 자신을 믿지 않는다는 생각에 이어지는 반응이죠. 남들이 자신을 사기꾼이나 거짓말쟁이로 여기지 않도록 하려면 계속해서 자신의 진실성을 드러내 보여야 한다고 생각하는 것입니다.

한편 숨기려는 태도는 두려움에서 시작됩니다. 상대방이 인내하거나 용서할 줄 모르는 사람이라고 믿기 때문에, 실수를 했다가는 자칫 공격받게 될까 걱정하는 거죠. 그래서 상대의 비판뿐 아니라 자신의 진실한 감정과 본성으로부터도 스스로를 숨기는 비밀스러운 삶을 살게 됩니다.

마지막으로, 남을 기쁘게 하려는 태도는 그 사람을 행복하게 만들어야 자신도 사랑받고 받아들여질 거라는 생각에서 비롯됩니다. 그래서 활기찬 분위기를 만들기 위해 달래고 어르지만, 그 노력이 실패하면 어쩔 수 없이 죄책감에 시달리곤 합니다.

물론 사람들이 느끼는 행복은 가까운 관계에 있는 다른 이들의 기분과 어느 정도 연결되어 있습니다. 그러나 남에게 증명하고, 보이고, 숨기고, 남을 기쁘게 하느라 자기 삶의 주도권을 내주고 자신의 욕구와 욕망을 타인을 위해 바치는 수준에 이르면 비극이 되어버리는 거죠. 잠시 동안은 그런 식으로 살아도 괜찮다고, 언젠가는 자신의 삶으로 되돌아가겠다고 합리화하면서 버틸 수 있을지도 모릅니다. 하지만 너무 오래 기다리다가는 자신의 인생을 통째로 잃어버릴 수도 있습니다.

나를 깨우는 한마디

남을 위해 살다가는
자신의 삶을 잃게 된다.

ℒ

- 자신의 '입증하기'·'보이기'·'숨기기'·'기쁘게 하기' 증상이 각각 어느 정도인지 0~10점으로 점수를 매겨봅니다. 예를 들어 중요한 사람과의 관계에서 자신을 입증하려고 전혀 노력하지 않는다면 0점, 모든 노력을 기울인다면 10점입니다. 다른 세 영역에서도 똑같은 방식으로 점수를 매겨봅니다.
- 만약 네 영역의 점수 총합이 20점 이상이라면 당신은 자신보다 남을 위해 산다고 할 수 있습니다. 다른 사람이 자신을 좋게 보도록 만들기 위해 자신의 욕구와 관심과 야망을 억누르고 있는 것입니다.
- 당신에게는 다른 사람들을 행복하게 만들 힘이 거의 없고, 더구나 계속 행복하게 해줄 힘이 전혀 없다는 사실을 깨달아야 합니다.
- 자신의 인생을 좌우하는 것 같은 그 사람에게 가서, 비록 그가 잘못한 건 아무것도 없지만 당신이 자신보다 남을 위해 살고 있다는 걸 깨닫게 되었다고 얘기합니다.
- 이제부터는 상대와 다른 의견이나 상대에게 실망한 점을 정직하게 표현하겠다고, 상대도 이해해주길 바란다고 얘기합니다.
- 첫 항목의 자기평가를 한 달에 한 번씩 실행해봅니다.
- 당신이 자기 입맛에 맞춰주길 바라지 않는 사람들을 찾으세요. 당신은 이전처럼 당신이 기쁘게 해줄 사람, 떠받들어줄 사람에게 끌릴 테니 지금 당장은 그런 사람들에게 별다른 매력을 느끼지 못할지도 모릅니다. 그러나 구관이 늘 명관은 아닙니다.

제3장

어떻게 말하고 행동해야 좋을까

GET OUT OF YOUR OWN WAY

나는 왜 제때 '아니오'라고 말하지 못할까

나의 불행은 '아니오'라고 말하지 못했기 때문이었다.

다자이 오사무

앤과 함께 책을 쓰기로 했을 때 베키는 너무나 기뻐했습니다. 앤은 이미 책을 낸 경험이 있을 뿐 아니라 가장 친한 친구이기도 했으니까요. 컴퓨터를 사서 빈방을 작업실로 꾸민 뒤 두 사람은 함께 집필 작업에 착수했습니다.

그러자마자 둘 사이에 하나의 패턴이 생겨났습니다. 앤은 자신의 대단한 상상력을 주체할 수 없는 정신 나간 천재마냥 방을 휘젓고 다니면서 책의 주제와 작업 방향을 홀로 정한 반면, 베키는 가만히 키보드 앞에서 타이핑을 했습니다. 앤은 뭐든 지루한 일이 생기면 모두 베키가 처리해야 한다고 여기는 듯했습니다. 베키에게 질문할 때조차 동등한 입장에서 의견을 구하는 게 아니라 부하 직원에게 설교하듯이 말했지요. 베키의 아이디어는 무시당하거나 조롱거리가 되기 일쑤였습니다. 결국 베키는 앤과 함께 일하기가 두려운 지경에 이르렀습니다.

앤의 부적절한 행동 때문에 베키는 자기파괴적 행동에 빠져든 것입니다. 자칫 공동 작업이 취소될까 두려운 나머지 베키는 자신의 의견을 제대로 주장하지 못했죠. 앤이 지휘하는 대로 이끌려가긴 했지만 억울한 마음을 감출 수 없었습니다. '싫어'라고 분명하게 말하지 못해서 사실상 '좋아'라는 의사를 전하면서 자신을 학대한 것이나 다름없었죠. 이 상황에 대해 상대와 의논하지 않고 분노와 좌절감이 마음속에 쌓이게 놓아둔 것은 더욱 심각한 자기파괴적 행동이었습니다. 그러다 결국 베키는 폭발하고 말았죠.

"넌 마치 네가 대장이고 내가 부하인 것처럼 대하고 있어. 넌 정말 거만하고 잘난 척만 할 줄 아는 밥맛이야!"

이로써 그 문제는 해결되었지만 기대가 컸던 파트너십도, 한때 깊었던 우정도 끝나버렸습니다.

두려움 없이 '아니오'라고 못하는 것도, 화내지 않고 '그래'라고 못하는 것도 우리가 흔히 겪는 딜레마입니다. 예를 들어 한 집안의 가장이라면, 식구들의 지출을 줄이려 할 때 가족의 애정을 잃을까 걱정할 것입니다. 하지만 그러지 않더라도 가족들이 자신의 노고를 당연하게 여긴다는 점 때문에 분노가 쌓일 수 있습니다. 약물중독자와 함께하는 경우 중독자의 약물 투여를 말렸다가는 미친 듯이 화를 내거나 어린애처럼 욕설을 퍼부으리란 걸 이미 잘 알고 있습니다. 그렇다고 가만히 놓아두었다가는 중독자에게 휘둘리는 것에 대한 분노가 자기 안에 생겨날 것입니다.

상대의 행동을 도저히 받아들일 수 없지만 막상 반대하고 나서기는 두려운 상황이라면, 결국 '무조건 피하는 게 상책'이라고 생각하게 됩니다. 물론 그 사람이 자신의 인생에서 꼭 필요한 역할을 맡고 있는 경우엔 쓸 수 없는 방법입니다. 그렇다고 마냥 지고만 살 수는 없는 노릇이지요. 이런 상황에서 벗어나는 유일한 방법은 그냥 '그만해!'라고 맞서는 겁니다. 다만 타이밍이 정말 중요하다는 걸 잊지 말아야 합니다. 너무 오랫동안 참다가 뒤늦게야 말한다면 상대는 되레 기분이 상해서 쏘아붙일 것입니다.

"그러니까 지금까지 그렇게 생각하고 있었단 말이지. 어쩜 그렇게 겉과 속이 다를 수 있어?"

또는 베키의 친구인 앤이 그랬듯 적반하장으로 나올지도 모릅니다.

"나한테 뭐, 남의 마음을 읽는 능력이라도 있는 줄 알아? 그것 때문에 네가 속 썩는 줄, 말하지 않는데 내가 어떻게 아냐고!"

만약 베키가 극한의 절망까지 이르기 전에 올바르게 대처했다면 어떠했을까요? 분노를 폭발시키지 않고 이렇게 말했을 것입니다.

"좀 더 일찍 말했어야 했는데, 사실 우리가 함께 일하는 방식 때문에 화가 나. 네가 나보다 아는 게 많다는 건 알겠지만, 나도 충분히 기여하는 바가 있는데 내 아이디어가 짓밟힐 때마다 어쩔 줄 모르겠어. 앞으로는 나를 진정한 파트너로 대해줬으면 좋겠어."

여기서 핵심은 절망의 경고신호를 잘 감지하는 것입니다. 상대와 마주하기가 점점 불편해진다거나, 자기만 협조적인 자세를 보인다는 생각이 들거나, 지고 들어가는 자신이 겁쟁이처럼 느껴진다거나 하는 것 등이죠.

상대가 불공정하고 불합리하게 행동할 때 무조건 참아야 하는 건 아닙니다. 다만 이왕 참기로 결정했다면, 적어도 당신이 호의를 베풀고 있으며 그 대가로 바라는 게 있다는 점을 상대에게 확실히 알려야 합니다.

나를 깨우는 한마디

싫다고 하기엔 두렵고, 좋다고 하기엔 화가 난다면 지금이 바로 '그만해!'라고 외쳐야 할 때다.

L

- 다른 사람의 뜻대로 따르지 않으려는 생각이 드는 것은 당신이 고집 세고 비열하고 거만해서가 아닙니다.
- '싫어'라고 말하지 않으면 상대에게 '좋아'로 받아들여질 수 있고, 그 때문에 당신이 원치 않는 상대의 행동이 더 강해질 수 있다는 점을 명심해야 합니다.
- 상대와 맞서려 할 때는 올바른 타이밍을 잡는 것이 중요합니다.
- 당신이 제기하는 불만이 지금껏 상황을 주시해온 관찰의 결과임을 알려야 합니다.
- 그로 인해 당신이 어떤 상처를 받았고 실망했는지 설명해줍니다. 이때 상대를 비난하거나 판단하듯 얘기해서는 안 됩니다.
- 문제가 커진 데는 당신의 책임도 있음을 인정해야 합니다.
- 앞으로 어떻게 달라지기를 바라는지 구체적으로 말합니다.
- 당신의 이야기가 선전포고가 아니라 제안 또는 요청으로 전해지도록 해야 합니다.

세상에 공짜란 없다는 걸 자주 잊어버려

친구에게 돈을 빌리기 전에
돈과 친구 중 무엇이 더 중요한지 결정하라.

애디슨 H. 핼록

힐러리의 꿈은 대학원 과정을 마친 후 심리치료사가 되는 것이었습니다. 하지만 학비가 부족했던 그녀는 3년간 휴학계를 내고 회계 사무실에서 일했고, 그러면서 틈틈이 가능한 수업을 들었지요. 그러는 중에 행운이 찾아왔습니다. 그녀의 언니와 오빠가 별안간 사업에서 성공했는데 힐러리의 학비를 대주겠다고 나선 것입니다.

"그냥 공부를 마치고 성공만 하면 돼. 그게 우리가 원하는 전부야."

감사하게도 그들은 그렇게 말했습니다.

언니와 오빠의 말은 반쯤은 진심이었습니다. 적어도 힐러리가 돈을 갚을 거라고 기대한 건 아니었으니까요. 하지만 그녀는 그보다 더 미묘한 빚을 지게 되었음을 알게 되었습니다. 갑작스레 미국 대륙 반대편에서 열리는 가족 행사에 참석하라는 요구를 받았고, 거기에 가서 기회가 있을 때마다 자신이 얼마나 그들의 호의에 감사하는지 얘기해야 했죠. 학업이 진행되는 중에 형제들은 힐러리에게 주기적으로 전화를 걸어 자신의 자녀나 배우자, 혹은 서로 간의 문제를 그녀에게 털어놓기도 했습니다. 그렇게 돈 대신 공개적인 감사 표시와 공짜 조언으로 보상받으려 한 것이죠. 관대한 사람들이었는지는 모르지만 완전히 이타적인 의도에서 학비를 대준 건 아니었던 것입니다.

"만약 언니 오빠가 제게서 뭘 기대하는지 알았다면 차라리 은행에서 학자금 대출을 했을 거예요."

힐러리는 제게 그렇게 말했습니다.

'세상일에 공짜란 없다'는 진실을 힐러리는 깨닫게 된 것입니다. 의식적으로든 무의식적으로든, 사람들은 대부분 자신이 남에게 베푼 것과, 남이 자신에게 베푼 것을 비교하게 마련입니다. 자신이 손해를 보았는지 아닌지에 민감하게 반응하죠. 일종의 등가교환의 법칙이 적용됩니다. 누군가에게 준 생일 선물의 값어치와 동등한 선물을 자신의 생일 때에도 기대하는 것처럼.

좀 더 미묘하게, 호들갑스러울 정도로 감사해하거나 자신을 대하는 행동이 완전히 바뀌기를 기대하는 경우도 있습니다. 그러면 혼란에 빠지거나 배신감에 치를 떨거나 이용당했다는 생각에 이르게 되지요. 그런 일을 자주 겪다 보면 아예 냉소적으로 '호의 따위는 됐어'라는 식으로 마음의 문을 닫게 되기도 합니다.

대체 왜 우리는 누군가가 우리에게 베풀면서 그 보답을 바라지 않을 거라고 믿을까요? 그건 무조건적인 사랑을 받고 싶은 욕망이 끊임없이 솟구치기 때문입니다. 단지 우리가 존재한다는 사실만으로도 뭔가를 받고 싶어 하죠. 우리가 어렸을 때처럼, 혹은 어렸을 때 바랐던 것처럼. 하지만 어른이 된 후 사람들은 대가와 보답을 요구하기 시작했습니다.

그런데 사람들이 우리에게 뭔가를 주면서 그 대가로 아무것도 바라지 않는다고 하면(대개 예의상 하는 말에 불과하지만), 뭔가 특별한 존재로 소중하게 여겨지는 듯한 어린애 같은 감정을 느끼게 됩니다. 그 말 그대로 받아들이고 싶은 건 이상할 게 없지요. 바로 이 때문에 사실은 상대의 호의에 단서가 달려 있었다는 점을 깨닫게 되면 배신감과 분노를 느끼고, 심지어 어린애 같은 소망을 품고 스스로를 기만하는 멍청한 짓을 했다며 자신을 책망하기에 이르는 것입니다.

누군가의 관용과 호의를 받아들인다는 것은 미처 알지 못하는 중에 상대에게 빚을 지는 셈이고, 따라서 그 빚을 갚지 못하면 단지 알지 못했다는 이유로 벌을 받게 될 수 있습니다. 이런 상황을 미리 방지하려면 처음부터 당연히 보상해야 한다는 마음가짐을 갖는 편이 낫습니다. 아예 당신에게 뭔가를 베푼 사람에게 이렇게 얘기하는 겁니다.

"언젠가는 제가 받은 대로 당신께 꼭 되돌려드릴게요."

이 말을 들은 상대가 정말 아무것도 원하지 않는다고 하더라도, 만약을 위해서 마땅한 보답이 무엇일지 미리 생각해두고 준비해두는 편이 좋습니다. 일반적으로는 '너무 과한 보답'이 '너무 적은 보답'보다 더 안전합니다. 보상이 너무 적은 경우 이미 빚을 갚았다고 당신은 생각하지만 상대는 그렇게 느끼지 않을 수도 있기 때문이지요.

누군가의 호의를 받는 시점에 그것이 선물인지, 단순한 호의인지, 아니면 일종의 채무인지 판단해야 합니다. 그 성격에 따라 뒤따르는 의무도 달라지니까요. 선물이라면 최소한 감사 인사를 해야 하고, 호의라면 나중에 입장이 바뀌었을 때 비슷한 호의를 베풀어야 합니다. 채무라면 당연히 똑같은 종류로 되갚아야겠지요.

당신이 주는 위치에 있더라도 이 세 가지를 구별하는 게 중요합니다. 타인에게 뭔가를 주면서 보답을 전혀 원하지 않는다며 스스로를 속이려 들지 말아야 합니다. 자신이 진정으로 무엇을 기대하는지 명확히 하지 않는다면, 자칫 자기 자신을 희생양으로 여기면서 상대방과의 관계까지 위험해질 수 있으니까요. 그러다 상대에게 주었던 신뢰와 애정마저 거둬들이게 될 수도 있습니다. 물론 당신도 상대방도 어쩌다가 일이 그렇게 되었는지 서로 알지 못한 채 말입니다.

나를 깨우는 한마디

모든 주고받음에는
반드시 조건이 뒤따른다.

𝓛

- 사람들이 뭔가를 베풀 때는 항상 되돌려받으리라는 전제가 있다고 여기면 기분이 상하지 않습니다.
- 상대의 의도가 선물인지, 호의인지, 채무인지 판단해야 합니다.
- 상대가 선물을 주었다면 꼭 고마운 마음을 표현하고, 적절한 때에 답례 선물을 하거나 감사의 마음을 보여주는 게 좋습니다.
- 상대가 호의를 베풀었다면 나중에 되갚아야 한다는 사실을 마음속에 새겨둡니다.
- 상대의 베풂이 채무라면 언제, 어떻게, 무엇으로 되갚을지 명확히 표현해 두어야 합니다.

왜 남의 잘못만 더 크게 보이는 걸까

좀 더 친절해질 수 있기를.
주변 사람들의 잘못을 좀 더 눈감아줄 수 있기를.
좀 더 칭찬할 수 있기를.

에드거 A. 게스트

"왜 나만 애써야 해? 당신은 아무것도 안 하려 하잖아!"

"뭐? 일이 돌아가게 하는 사람은 나뿐이야! 당신이 뭘 했다고 그래?"

커플 상담을 하다 보면 이런 대화를 흔히 듣습니다. 충돌을 피하기 위해 우리는 대부분 상대를 만족시키려 노력합니다. 상대방이 불편해하는 습관을 없애거나, 집안일을 돕는다거나, 욱하는 성질을 참는다거나 하는, 쉽지 않은 일일지라도. 이렇게 자신을 변화시키는 데는 상당한 노력이 필요하지만, 그럼에도 우리는 어쨌든 노력합니다. 단, 상대도 나만큼 노력한다는 전제하에서만. 만약 자신이 노력한 만큼 상대방이 노력하는 모습을 보이지 않는다고 생각되면 화가 치밀고 스스로 노력하려는 마음마저 사라져버리죠.

여기서 불행한 점은, 관계를 개선하기 위한 상대의 노력은 우리 눈에 잘 들어오지 않지만 그들의 잘못, 제대로 처리하지 못한 일은 귀신같이 찾아낸다는 것입니다. 그러면 당연히 상대도 비좁은 시야로 우리를 바라보게 마련이죠. 이렇게 시작된 분노의 순환 고리는 점점 커져서, 결국 둘 다 서로에게 감사할 줄 모르고 누구도 서로에게 필요한 일을 해주지 않는 지경에 이르고 맙니다.

다른 커플들처럼 로스와 낸시 부부도 돈 문제로 다투게 되었습니다. 가난하게 자랐지만 자신의 힘으로 중산층이 된 로스는 아내가 함부로 돈을 쓴다며 비난했죠. 사업이 어려워져 재정 압박을 느낀 그는 아내의 지출 내역을 하나하나 따져 물었고 행여나 낭비라고 여겨지면 불같이 화를 냈습니다. 한편 부유한 가정에서 자란 프리랜서 사진작가 낸시의 눈에 남편의 모습은 가족의 행복을 위해 돈을 쓸 줄 모르는 인색한 구두쇠일 뿐이었습니다. 로스가 자신을 믿지 못한다는 사실에 상처를 받았죠.

이런 문제에도 불구하고 두 사람은 결혼 생활을 지키기 위해 기꺼이 노력할 마음이 있었습니다. 로스는 성질내지 않고 아내의 지출에 간섭하지 않으려 했고, 낸시도 꼭 필요한 지출만 하려 했습니다. 문제는 그러한 서로의 노력을 둘 다 알아보지 못했다는 것입니다.

"남편은 자기가 해야 할 일을 안 해요."

낸시가 그렇게 말하자 로스는 발끈했습니다.

"내가? 상담을 시작한 뒤 노력한 건 내 쪽이라고! 오히려 당신이야말로 전혀 변한 게 없잖아!"

우리는 왜 상대의 노력을 이토록 잘 알아보지 못할까요? 그 이유 중 하나는 잘못에 비해 노력은 기록하기 어렵기 때문입니다. 예를 들어 남편이 밤에 간식을 먹고 설거지를 깜빡했다면 아침까지 그 증거가 싱크대에 고스란히 남아 있겠지요. 하지만 남편이 간식을 먹고 나서 설거지를 했다면 그가 노력한 흔적이 남지 않으니 기록할 수 없는 것입니다. 이처럼 노력에 비해 잘못은 알아보기 쉽습니다.

게다가 우리는 상대의 잘못을 찾는 데 더 집중합니다. 상대의 잘못은 곧 우리가 덜 노력할 구실이 되어주기 때문입니다. 우리가 화를 내는 걸 정당화해주기도 하죠. 오래된 관계일수록 분노는 시간을 두고 쌓여가기 때문에 별다른 이유 없이도 화가 터져 나옵니다. 아무런 이유 없이 화를 내는 건 스스로에게도 불편한 일이므로, 우리는 마치 자신의 의심을 입증할 단서를 찾는 탐정처럼 상대가 잘못했다는 증거를 찾으려 하는 것입니다. 불행히도 이렇게 상대의 잘못을 찾는 데 집중하다 보면 분노가 더 쌓일 뿐더러 상대의 노력에 감사하는 것도 불가능해집니다.

만약 서로가 자신뿐 아니라 상대의 노력을 알아보는 데 집중한다면 두 사람의 관계가 훨씬 쉽게 개선됩니다. 저는 커플 상담에서 잘못을 의심하는 데서 노력을 인정하는 쪽으로 나아가도록 돕기 위해 다음과 같은 질문을 던집니다.

- 둘의 관계를 개선하기 위해 파트너가 특정한 태도를 취했나요?
- 당신의 일을 파트너가 대신해준 경우를 떠올릴 수 있습니까?
- 파트너가 자신이 원하지 않는데도 단지 당신을 기쁘게 해주기 위해 무슨 일을 했나요?
- 당신이 좋아하지 않아서 파트너가 참은 말이 있습니까?
- 당신이 참을 수 없는 일을 파트너가 하지 않고 참은 행동이 있습니까?
- 당신이 불평했던 습관이나 행동을 바꾸려고 파트너가 노력한 적이 있습니까?

서로의 노력을 인정하도록 돕기 위해, 저는 커플에게 '구체적인 노력'을 보여주라고 주문합니다. 예를 들어 앞서 언급한 로스와 낸시 부부의 경우, 낸시는 50달러가 넘는 물건을 사기 전에 꼭 남편과 상의하기로 약속했습니다. 그리고 로스는 절대 화를 내지 않고 가정의 재정 상태가 어떠한지 아내에게 정확히 알려주기로 약속했습니다. 이렇게 해야 부부가 서로의 노력을 손쉽게 알아볼 수 있으니까요.

관계를 개선하려고 노력하는 것은 서로에게 가장 이익이 되지만, 결코 자연스럽게 이뤄지지 않는 일입니다. 따라서 우리는 상대 또한 자신만큼 열심히 노력하고 있다는 것을 알아봐줘야 합니다. 결국 '각자가 어떻게 행동하느냐'가 아니라 '서로를 위해, 그리고 서로가 함께 어떻게 행동하느냐'가 두 사람의 관계에서 가장 중요하니까요.

나를 깨우는 한마디

진심으로 관계를 개선하고 싶다면
자신의 노력뿐 아니라 상대의 노력을 알아보라.

ℒ

- 상대가 자기 몫을 다하지 않는다는 생각이 들 때가 있습니다. 그런 경우에 화를 내거나 상대의 잘못을 찾는 것이 과연 둘의 관계에 도움이 될까요?
- 당신을 도울 수 있는 '3A' 기법을 소개합니다.
  - 인식Awareness : 상대의 노력을 알아봅니다. 관계를 개선하기 위한 상대의 아주 작은 노력도 놓치지 말아야 합니다.
  - 인정Appreciation : 상대의 노력은 타협과 희생의 산물입니다. 상대가 그만큼 당신을 사랑하고 있다는 것을 인정해야 합니다.
  - 감사Acknowledgment : 상대의 노력에 감사합니다. 단, 속으로만 품지 말고 직접 표현해야 합니다.
- '3A'를 이용하여 상대방을 관찰해보면 그 행동이 자연스럽게 변화하는 것을 눈치챌 수 있습니다. 사람들은 단지 자신의 노력이 제대로 인정받지 못한다고 느낀 나머지 상대가 싫어하는 행동을 하는 경우도 있습니다.
- 상대의 노력이 여전히 당신의 마음에 들지 않는다면 자신의 기준이 공정하고 합리적인지 한 번 더 따져봐야 합니다.
- 자신의 생각이 공정하고 합리적이라고 확신한다면 상대를 비난하지 말고 당신이 느낀 상처와 실망감을 표현합니다.
- 당신이 상대에게 바라는 변화의 모습을 얘기해주고 그 변화가 공정하고 합리적이라고 생각하는지, 노력할 의사가 있는지 물어봐야 합니다.
- 상대가 당신에게 바라는 변화는 무엇인지 물어봅니다.

늘 약속을 어기는데도 싫은 소리를 못해

우리는 기대 때문에 약속하고
두려움 때문에 약속을 실행한다.

— 프랑수아 드 라 로슈푸코

약속이 깨지는 것이 뼈아픈 이유는 그 약속과 함께 타인을 믿고자 하는 깊은 기대까지 상처받기 때문입니다. 힘없는 어린아이였을 때 우리는 안전함을 느끼기 위해 자신을 돌봐주는 사람을 무조건 믿어야 했죠. 이제 어른이 되었지만 깨진 약속은 그 시절 한없이 약했던 모습을 떠올리게 만들기에, 우리는 결국 화를 내거나 불안해하고 마치 아이처럼 심술을 부리곤 합니다.

게다가 약속을 깬 사람이 자신의 잘못을 인정하지 않으면, 아예 약속했다는 사실조차 기억하지 못해서 그랬다면 절망을 넘어 고통까지 찾아옵니다. 사람들은 그저 자신의 마음을 편하게 하기 위해, 또는 상대의 긴장과 걱정을 덜어주기 위해, 혹은 더 이기적으로 자신을 귀찮게 하지 말라는 의도로 무심코 아무 말이나 하곤 합니다. 우리가 그 말을 믿을 거라곤 생각지도 않은 채. 사장은 직원들을 안심시키기 위해 승진을 암시하고, 부모는 아이들이 입을 닫게 하기 위해 놀이공원에 데려가겠다고 약속하며, 남자는 결혼할 의향이 있음을 은근슬쩍 내비쳐 애인을 안심시키며 연애를 즐깁니다. 우선 곤란한 상황에서 벗어나는 것이, 그로 인해 발생할 수 있는 이후의 결과보다 더 중요하다고 생각하기 때문입니다.

때로는 우리가 상대에게 약속을 깬 책임을 지우지 않아서 약속을 깨기 쉽게 만들어줍니다. 굳이 트러블을 일으키지 않으려고, 또는 상호 간의 기본적 신뢰를 유지하려고 '아, 단지 실수했을 뿐이겠지', '분명 깜빡 잊었을 거야'라며 알아서 합리화해버리는 거죠. 자신이 너무 실망해서 폭발하거나 자제력을 잃을까 두려운 것입니다. 친구를 잃고 싶지 않아서, 불편한 상황을 피하고 싶어서 우리는 억지로 마음을 가라앉히며 괜찮다고 한 다음, 이후에도 그 사람의 약속을 기꺼이 받아들입니다.

상습적으로 약속을 어기는 사람을 대신 변명해주는 것은 두말할 나위 없이 자기파괴적 행동입니다. 만약 자신이 화가 났음을 인정하지 않으면, 또는 자신에게 발생한 피해를 구태여

축소하려고만 한다면 그 사람은 계속 거리낌 없이 행동하면서 우리를 실망시키겠죠. 그리고 나중에 그와 충돌하게 되었을 때도 당신이 당연히 물러설 거라고 생각하며 변명을 늘어놓거나, 본인이 일부러 잘못한 것도 아니고 실수했을 뿐이라고 주장할 겁니다.

이렇게 약속을 어기는 사람이 계속 가해자의 위치에 서도록 놓아둔다면, 그와 약속할 때마다 당신은 스스로 움츠러들게 됩니다. 그건 더는 상대를 위해 변명해줄 여지도 없다는 의미로, 이제는 확실히 선을 그어야 할 때라는 신호라고 할 수 있죠. 이런 경우에 가장 먼저 해야 할 일은 스스로에게 이렇게 묻는 것입니다.

'화해할 수 있는 가망이 전혀 없을 정도로 내가 실망한 걸까? 내 기대치를 낮춰서라도 이 관계를 유지해야 할까? 아니면 이제는 이 관계를 끊어야 하는 걸까?'

만약 관계를 유지하는 쪽을 선택했다면 상대가 자신의 약속에 책임을 지도록 만들어야 합니다. 너무 화가 나서 평정심을 잃기 전에 시도하되 상대를 위협하는 태도로 문제를 제기해서는 안 됩니다.

적대적으로 안면을 바꾸지 않고도 자신을 지키는 훌륭한 방법 중 하나로 제가 '콜롬보의 방어술'이라고 이름 붙인 기술이 있습니다. 유명한 TV 수사극 시리즈의 주인공인 형사 콜롬

보처럼 상대와 눈을 마주치지 않은 채 몸을 약간 수그리고 머리를 긁적이며 아무것도 모르겠다는 듯한 표정을 지으면 됩니다. 그런 다음 '내 기억이 잘못되었는지도 모르겠는데, 우리가 뭔가 약속한 것 같은데?'라는 식으로 돌려 말하는 거죠. 진실이 당신 편에 있지만 굳이 기분 상하게 하고 싶지 않을 때라면, 이런 식으로 민감한 주제를 꺼내 상대를 무장 해제시킬 수 있습니다.

맨디라는 제 환자는 항상 일을 핑계로 약속을 어기는 남자친구 톰에게 '콜롬보의 방어술'을 사용했습니다. 한번은 온천에서 주말을 보내자던 약속을 취소하면서 톰이 말했습니다.

"나중에 꼭 보상해줄게. 내년 봄이면 조금 덜 바빠질 테니까 그때 1주일 동안 하와이에 가는 거야."

그렇게 약속했던 봄이 지나고 여름이 다가오는데도 남자친구가 약속을 지킬 기미가 보이지 않자 맨디의 속은 부글부글 끓어올랐습니다. 그녀는 도저히 톰이 계속 약속을 어기게 놓아둘 수 없었지만, 자신이 화를 내면 분명 남자친구가 방어적인 태도로 나오면서 오히려 요구하는 게 너무 많다고 그녀를 비난하리란 걸 잘 알고 있었죠.

대신 맨디는 '콜롬보의 방어술'을 시전하기로 했습니다. 어느 날 밤 멋진 저녁식사를 마치고 톰에게 말했습니다.

"저기, 약간 헷갈리긴 하는데, 내 기억이 잘못됐을지도 몰

라. 혹시 당신이 이번 봄에 하와이로 여행 가자고 했던 것 같은데, 당신은 기억나?”

톰은 맨디가 한 말의 속뜻을 바로 알아들었죠. 그녀가 하고 싶은 말이 사실은 ‘좋아, 약속한 건 당신이지만, 그렇다고 뭐라고 하진 않겠어. 단지 기억을 환기시켜서 약속을 지킬 기회를 주는 거야’라는 것임을. 이렇게 해서 그녀는 톰이 체면을 지키면서 그 약속을 ‘기억해낼 수 있게’ 만들었고, 톰은 매너를 갖춰서 천연덕스럽게 ‘아, 그랬던가?’ 하며 늦게나마 약속을 지키게 되었습니다.

습관적으로 약속을 어기는 사람들은 대개 약속을 어긴 결과를 자신이 감당할 수 있다고 생각해서 그러는 것입니다. 그러므로 계속 그들에게 ‘호구’ 취급을 당하지 않으려면 약속을 지키지 않은 대가가 혹독하다는 점을 각인시켜야 하죠. 하지만 이후 벌어질 수 있는 사태에도 미리 대비해야 합니다. 만약 그들이 ‘해볼 테면 어디 한번 해봐’라고 되레 강하게 밀고 나와서 당신이 그 기세에 굴복해버린다면, 그건 자기 자신과 은밀히 맺은 약속을 스스로 어기게 되는 셈이니까요.

나를 깨우는 한마디

약속을 너무 자주 어기는 사람과는
아예 약속을 하지 마라.

L

- 반복해서 약속을 깨는 사람과 또 다른 약속을 하게 된다면 구속력을 가진 대가를 걸고 약속하게 하세요. 그 사람이 또 약속을 깼을 때 단지 '또 그러면 가만 안 둘 거야'라는 식으로 넘어가지 않도록.
- 당신이 기대하는 바를 명확히 밝혀야 합니다. "그건 약속처럼 들리는데? 네가 약속을 지키지 않으면 난 상처받을 거야. 그러니 내가 그 약속을 정말 믿어도 되겠어?"
- 상대가 약속을 어겼던 과거를 들춰내지는 마세요. 시간낭비일 뿐 아니라 싸우자는 것밖에 안 될 테니까요.
- 약속을 지켜야 할 시간을 정합니다. "그 약속이 언제 지켜진다고 생각하면 될까?" 만약 상대가 기간을 명확히 밝히지 않는다면 당신이 직접 데드라인을 정하세요. "다음달 1일에 우리의 약속을 떠올리게 해줄게."
- 상대가 약속을 지키지 않는다면 약속을 이행하게 만들되 위협적인 방식을 사용하지 않도록 합니다. 상대와 직접 충돌하거나 최후통첩을 날리는 것보다 재치와 상상력이 효과적인 경우가 더 많습니다.
- 유화책이 통하지 않는다면 약속을 지키지 않은 대가가 무엇인지 확실히 알려주세요. '다른 사람과 데이트를 할 거야'라든가 '다시는 널 믿지 않겠어'라고 말하는 겁니다.
- 이런 단계를 거치면 약속을 어기던 사람도 웬만하면 약속을 지킬 테지만, 그럼에도 변화가 없다면 그 사람은 자신의 약속을 지킬 마음이 전혀 없

는 것입니다. 약속을 남발하지만 일부러 그러는 건 아닌 사람과는 다른 부류입니다. 따라서 그런 사람과는 아예 약속하지 않는 편이 낫습니다.

- 자신이 요구하는 바를 스스로도 실천하세요. 사람들이 당신에게 약속을 지키길 바란다면, 당신도 자신의 약속을 지켜야 합니다. 지킬 수 없는 약속을 한다는 것은 자기파괴적 행동이자 다른 사람들에게 약속을 깰 변명거리를 미리 안겨주는 셈이니까요.

아무도 듣지 않는데 나 혼자 떠들고 있어

말을 한다는 건 하프를 연주하는 것과 같다.
소리를 내기 위해서뿐만 아니라 멈추기 위해서도
현에 손을 자주 올려야 한다.

올리버 웬델 홈스

언젠가 참석한 세미나에서 극명하게 대조되는 두 명의 연사가 오랫동안 기억에 남아 있습니다. 베른하르트 박사는 카리스마가 넘치는 엔터테이너 스타일이었고, 청중의 관심을 끌고 열광하게 만드는 법을 알고 있는 듯했습니다. 반면 스미스 박사는 조용하고 사려 깊었지만 청중에게 확실한 감동을 줄 정도는 아니었습니다.

처음에 참석자들은 자석처럼 사람들을 끌어당기는 베른하르트 박사에게 찬사를 보냈고 스미스 박사에게는 따분하지 않느냐는 농담을 던졌지만, 마지막에 사람들의 마음을 사로잡은

쪽은 스미스 박사였습니다. 그녀는 청중에게 주의를 기울였고, 진지하게 질문을 들어주었고, 그들의 말에 귀를 기울였죠. 그와 달리 베른하르트 박사는 청중을 마치 자기 연설을 돋보이게 해주는 도구로 여기는 듯했고요.

가장 뚜렷하게 드러난 차이점은 강연 시간에 대한 태도였습니다. 베른하르트 박사는 매번 주어진 시간을 어겼고, 그 때문에 사람들이 들썩거리면 짜증을 냈죠. 스미스 박사는 청중을 유심히 살폈고, 약간의 동요라도 일어날 것 같으면 휴식 시간을 부여하여 사람들을 지치게 하지 않았지요.

우리는 대체 왜, 사람들이 우리 얘기를 충분히 들은 다음에도 말을 멈추지 않을까요? 우리가 꼭 입을 열고 싶을 때의 대화는 보통 3단계로 구분할 수 있습니다.

첫 번째는 정보를 교환하거나 자신의 견해를 표현하려는 것입니다. 이 단계가 충족되면 다른 욕구들이 그 자리를 차지합니다. 두 번째 단계에서 우리가 말하게 되는 가장 주된 동기는 긴장 해소입니다. 자신의 기분을 좋아지게 하려고 수다를 떠는 단계로, 이미 했던 얘기를 반복하거나 전혀 다른 주제를 새롭게 꺼내기도 합니다. 세 번째 단계까지 가면 그저 내 얘기를 계속하고 싶은 목적으로, 청자聽者의 관심을 끌 만하면 아무 주제나 말하게 됩니다. 요약하자면 대화가 진행되면서 말하는 이유가 의사소통에서 긴장 해소로, 그리고 지배력 유지로 옮겨

갑니다.

두 번째와 세 번째 단계로 끌려든 청자는 어떻게 하면 무례를 범하지 않고 빠져나갈지 고민해야 하는 어려움에 직면합니다. 탈출하지 못하면 자기 시간을 낭비하게 되므로 점점 화가 나겠죠. 그런데 정신없이 떠드는 화자話者가 치러야 하는 대가는 더욱 큽니다. 주변 사람들은 더 이상 그의 얘기를 존중해서 듣지 않을 것이고, 심하면 친구조차 잃을 수도 있으니까요.

스트레스를 받거나 흥분했을 때 감정과 생각을 자기 안에 담아두면 긴장감이 점차 높아집니다. 이런 경우 대부분의 사람들은 긴장감을 말로 배출하는 게 너무 기분이 좋은 나머지, 기본적인 매너까지 잊어버립니다. 대화가 나홀로 떠드는 독백으로 변질되고, 폭포수처럼 말을 쏟아내다가 결국은 상대를 지루하게 만들고 무례를 범하는 상황이 될 때까지 자신을 멈추지 못합니다.

만약 자신에게 이런 경향이 있다면, 즉 자기 얘기처럼 들린다면 대화가 어느 단계에 와 있는지 잘 살펴봐야 합니다. 상대를 짜증나게 하는 두 번째 단계나 무례를 저지르게 되는 세 번째 단계로 접어들기 전에 조치를 취해야 하는 거죠. 상대의 몸짓에 주의를 기울이세요. 자꾸 꼼지락거리거나 시계를 들여다본다면, 혹은 눈의 초점이 흐려진다면 기분 상하지 않게 당신의 말을 끊을 방법을 찾는 중일지 모릅니다. 그런 모습을 보면 어떤 방법으로든 주의를 잡아끌고 싶은 마음이 들겠지요. 하지만 상대를 인질로 잡아 관심을 끌려는 것은 자기파괴적 행동에 지나지 않습니다.

이때 과연 계속 말함으로써 얻는 위안이 커다란 대가를 치를 만큼 가치가 있는지 판단해야 합니다. 그 대가란 이렇습니다.

상대는 아마 더 이상 당신의 얘기에 귀 기울이지 않거나 말을 끊을 구실을 찾아내려 하겠지요. 결국 당신은 당황하거나 스스로를 한심하다고 여기며 자괴감에 빠질지도 모릅니다. 사람들을 너무 자주 지치게 만들면 그들은 당신을 무시하고, 전화 거는 걸 '잊었다'고 변명하고, 모임에서 제외시킬 것입니다.

당장의 만족감 때문에 친구들을 잃고 싶지 않다면 자신을 자제하는 법을 배워야 합니다. 이걸 잊지 마세요. 이미 당신의 얘기를 충분히 들은 사람들에게 계속 귀를 기울이라고 강요하지 않는다면 고마움과 존중을 얻게 될 거라는 점을. 하지만 그들을 당신의 긴장 해소(두 번째 단계)와 지배력 유지(세 번째 단계)의 도구로 사용하려 한다면, 순간적으로는 사람들을 붙잡아 둘 수 있을지 몰라도 결국엔 영영 잃게 되고 말 것입니다.

나를 깨우는 한마디

사람들이 더 이상 듣지 않으면 말을 멈추어라.

𝓛

- 자신의 말이 너무 길어지지 않았는지 알고 싶을 때는 상대의 몸짓을 유심히 살핍니다.
- 상대에게서 안절부절못하는 기색을 발견하면 시작한 말을 끝내지 못했다는 실망감과 듣지도 않는데 혼자 떠드는 굴욕감 중에서 어떤 기분이 더 나을지 스스로에게 물어봅니다.
- 되도록 빨리 말을 멈추어야 합니다.
- 상대의 생각과 의견을 물어봅니다. 독백이 아닌 대화로 나아간다면 상대를 지치게 하지 않고 호감을 끌어낼 수 있습니다.

좋은 인상을 주려고 '진짜 나'를 숨기곤 해

무엇보다 스스로를 진실하게 대하라.
그러면 밤이 지나고 낮이 오듯
당연하게 다른 사람을 거짓되게 대할 수 없을 것이다.

윌리엄 셰익스피어

"다시 한 번 사랑과 증오의 관계에 빠진 것 같아요. 그 사람을 사랑하게 됐다는 것 때문에 저를 미워하게 되는 그런 거 말이에요."

힘든 시기를 여러 번 보냈지만 다행히도 캐럴(34세)에게는 유머 감각이 남아 있었습니다. 얌전하게 굴고 남의 말을 잘 따라야 한다고 배우며 자란 그녀는 다른 사람을 통제하려 들고 자기중심적인 남편과 이혼했지만, 이후 만나게 된 남자들도 전 남편과 똑같은 성향임을 알게 되었습니다.

"그 사람들은 제가 얼마나 그들에게 관심을 쏟는지 살펴본

후 딱 그만큼만 제게 되돌려주더라고요."

성공한 사진작가인 캐럴은 이제 자신이 받아야 할 배려를 베푸는 남자를 찾기로 결심했습니다. 그러다가 최근에 마음에 드는 남자를 만났지만 첫 번째 데이트에서 똑같은 패턴에 빠져들고 있음을 느꼈죠. 이 남자 폴은 주로 자기 얘기만 했고 모든 결정을 혼자 내리려 했습니다. 캐럴은 자신의 일이나 의견에 대해서는 한마디도 못한 채 결국 폴이 제안하는 대로 따르기만 하게 되었죠.

캐럴과 마찬가지로 우리 모두는 관계의 초기에 좋은 인상을 주려고 최선을 다합니다. 상대가 자신을 잘 받아들여주길 바라는 마음으로 매너에 신경 쓰고, 공격적으로 보이지 않으려 주의하고, 결점과 약점을 감추려 하죠.

남성들의 경우 대개 자신이 얼마나 바라는 게 많고 갖고 싶은 게 많은지는 감추면서 능력 있는 사람처럼 보이고 싶어 합니다. 자신이 세심한 사람이라는 인상을 주려고 하면서도 상처받기 쉬운 내면까지 드러내지는 않으려 하죠. 상처받기 쉽다는 걸 인정하면 자신이 약하다고 말하는 것과 다름없다고 생각하기 때문입니다.

한편 여성들은 남자들이 위협적으로 여길까봐 자신의 강점과 성취를 스스로 깎아내리는 경향이 있습니다. 자신이 요구나 걱정이 너무 많은 사람처럼 비치는 것도 경계하는데, 이런 점 때문에 남자들이 자신을 멀리하게 될까 두렵기 때문이죠. 그래서 캐럴처럼 타인을 배려하고 순응하는 사람이 되기 위해 수고를 아끼지 않는 것입니다.

그러나 어떤 인간관계에서든 서로가 경계를 늦추게 되는 때가 오게 마련이죠. 숨겨진 결점, 요구 사항과 불완전함이 드러나기 시작하는데 숨겨온 기간이 길수록 관계에 미치는 충격의 강도도 더 높습니다.

또 다른 진실하지 않은 태도가 종종 문제를 더 키웁니다. 상대의 무심하고 상처를 주는 행동을 별말 없이 넘어가주는 거죠. 그 사람에게 책임을 물었다가 자칫 자신이 바라는 게 많은 사람처럼 보일까, 그래서 그 사람이 자신을 멀리하게 되지 않을까 두려워하는 것입니다.

안타까운 일이지만, 이렇게 자신의 마음을 솔직히 표현하지 않으면 용납할 수 없는 상대의 행동이 습관으로 굳어져버릴 수 있습니다. 그러면 분노가 점점 쌓이다가 언젠가 폭발하고 말겠죠. 결국에는 단순히 바라는 게 많은 정도가 아니라 '거칠고 옹졸한 사람'이 되어버리는 겁니다.

캐럴에게 제가 말했듯이, 가능하면 관계의 초기부터 자신의 진정한 모습을 드러내는 게 중요합니다. 그러지 않으면 상대방은 진정한 당신이 아닌 사람을 좋아하게 될 테니, 이건 문제가 되지 않을 수 없죠. 친밀감은 신뢰를 바탕으로 조성됩니다. 진정한 자신을 드러낼 수 있을 정도로 상대를 신뢰하지 못하면 상대 역시 당신에게 본모습을 드러내지 않습니다. 게다가 거짓된 삶을 사는 사람은 약하다는 인상을 줄 수밖에 없습니다. 캐럴은 자신이 만나는 남자들을 기쁘게 해주려는 의도였겠지만 그들 모두 그녀를 존중하지 않았고, 결과적으로 그녀 역시 그들을 존중하지 않은 셈이었죠.

저는 캐럴에게 이렇게 말해주었습니다.

"지금 당장은 폴이 당신의 꾸며진 모습을 좋아할 수 있겠죠. 하지만 그가 진정한 당신을 좋아하게 된다면 당신의 마음도 더 좋지 않겠어요?"

그러면서 자신이 자기중심적인 남자를 참아주기만 하는 희생적인 여성이 아니라는 점을 폴에게 보여줄 방법을 찾아보라고 조언했지요. 만약 폴이 그 모습을 받아들이지 못한다면, 그는 캐럴이 찾는 남자가 아니라는 말까지 덧붙이면서요.

캐럴이 제가 낸 숙제를 처리한 창의적인 방식은 두고두고 칭찬할 만했습니다. 다음번 저녁 데이트에서 폴이 자신의 사업에 대해 혼자 떠벌리고 있는데, 캐럴은 알쏭달쏭한 미소를 지으며 그를 바라보았습니다. 궁금해진 그가 물었죠.

"무슨 생각을 하고 있어?"

캐럴이 대답했습니다.

"그냥, 당신이 멍청이인지 아닌지 확인하고 싶어서. 뭐 당신이 멍청이라도 우린 계속 친구로 남을 수 있어. 단지 처음부터 분명히 해두고 싶을 뿐이야."

폴은 이 말에 웃음으로 응대할 줄 아는 사람이었습니다.

"이런, 남에게 좋은 인상을 주려다가 너무 나만 아는 사람처럼 굴었나 보군."

캐럴도 재치 있게 받아쳤죠.

"괜찮아. 나도 때론 나쁜 년이 되니까."

캐럴은 자신이 멍청이에게 고통받지 않을 만큼 자신감 있는 여성이라는 점을 보여줌으로써 폴의 존중뿐 아니라 호감까지 얻어냈죠. 폴은 이렇게 말했습니다.

"좋아, 그럼 지금부터가 정말 시작이네. 당신의 모든 걸 알고 싶어졌어."

캐럴의 솔직함 덕분에 폴 역시 긴장을 풀고 자신의 진정한 모습을 드러낼 용기를 얻었던 것입니다.

다음에 거짓된 모습을 드러내고 있는 자신을 발견하면, 진정한 자신이 아닌 모습을 좋아하는 사람과 정말 함께하고 싶은지 스스로에게 물어보세요. 그러나 아무리 자신의 참된 모습이라 할지라도 너무 일찍, 또 너무 많이 드러낸다면 그 역시 상대를 겁먹게 할 수 있습니다.

제 환자들 중에 매력적인 남성을 만나면 곧장 자신의 인생 편력을 줄줄 쏟아내는 사람이 있었습니다. 정확히 어떤 남성상을 원하는지 체크리스트를 읊어대면서요. 그러면 남자 쪽에서는 데이트를 하는 게 아니라 마치 오디션을 보는 듯한 거부감을 느낄 수밖에 없었죠. 반대로 본모습을 드러내기까지 너무 오래 기다린다면 둘 사이의 긴장감이 누적된 나머지 마침내 가면을 벗었을 때 상대를 화나게 할 수도 있습니다.

'의심스럽거든 진실을 말하라'고 한 마크 트웨인은 정말 옳았습니다. 그리고 '진실을 말할 때는 타이밍이 생명'이라는 데도 분명 마크 트웨인은 동의할 것입니다.

나를 깨우는 한마디

먼저 진정한 자신을 드러내라.

𝓛

- 사람과 관계를 맺는 초기부터 진정한 자신의 모습을 드러냅니다. 자신의 본모습을 좋아하지 않는 사람과 사귀어야 할 이유가 있을까요?
- 무례하지는 않되 정직하게 사람을 대합니다. 상대에게 너무 요구하거나 단정적으로 말하지 말고 당신에게 무엇이 필요하고 무엇을 바라는지, 또 어떤 점이 힘든지 감정을 표현하세요. 예를 들어 이렇게 말하는 겁니다. "당신이 대화를 하자고 해놓고는 정작 마음에 안 드는 말을 한다며 가로막을 때 참 속상해."
- 자신이 안고 있는 문제를 상대와 공유할 때는 상대가 당신을 동정하게 만들거나 그 문제에 책임을 느끼게 해서는 안 됩니다.
- 당신의 자랑거리에 대해 말할 때는 거만하게 들리지 않도록 유의합니다.
- 도저히 받아줄 수 없는 상대의 행동을 지적하려 할 때는 다음 순서를 따르세요.

  1) 상대의 긍정적인 부분부터 말하기 시작합니다.
  2) '이런 일이 생겼을 때 나는 화가 나'라는 식으로 상대를 비난하지 않는 표현을 사용합니다.
  3) 내가 상대를 화나게 한 점에 대해서도 듣습니다.
- 진정한 자신을 일단 드러낸 후에는 그 태도를 계속 유지합니다. 늘 정직한 모습을 드러내는 습관을 들이기까지 상당한 인내가 필요합니다.

어떻게 해야 제대로 사과하는 건지 모르겠어

과거의 잘못은 뉘우치고
미래의 잘못은 피하라.

윌리엄 셰익스피어

환자들과 상담하면서 가장 기억에 남는 순간은 멀쩡해 보이는 사람이 누군가를 배신했다거나, 다른 사람에게 상처를 주었다거나, 자신이 아끼던 사람을 이용한 적이 있다며 갑자기 고백해올 때입니다.

낯두껍기로 유명한 어느 할리우드 에이전트가 제 앞에서 난생처음으로 운 적이 있는데, 술에 취한 나머지 그만 요양원에 있는 병든 시어머니에게 소리를 질렀다고 말했습니다. 눈물을 주체하지 못한 부동산 개발업자는 한때의 외도로 인해 아내를 실망시킨 일을 후회했습니다. 두 경우 모두 그토록 격앙

되었던 이유는 죄의식과 수치심 때문만이 아니었습니다. 어떻게 해야 일을 바로잡을 수 있을지, 방법을 몰라서 그렇게나 고통스러워했던 것입니다.

상처 입은 관계를 치유하는 데는 보상이 꼭 필요합니다. 상대에게 상처를 입혔다는 것이 자신에게도 중요한 문제라는 점을 보여줄 수 있는 유일한 방법이기 때문이죠. 문제는, 어떻게 보상해야 할지 잘 모르는 경우가 많다는 것입니다. 그래서 우리는 시간만이 상처를 낫게 해줄 거라고 믿어버리거나, 기어드는 소리로 안 하느니만 못한 짧은 사과를 중얼거리고 맙니다.

경미한 상처라면 '미안해'라는 말로도 충분할 수 있습니다. 하지만 심각한 상처를 입힌 경우에는 더 강한 치료제가 필요하고, 대개 말로는 부족합니다. 그러지 않으면 우리가 상처 입힌 사람은 절대 자신의 믿음을 내주지 않을 것입니다. 결과적으로 우리에게도 더 큰 좌절을 안겨줄 뿐이겠죠. 그러다가 사과를 받아주지 않는 그들에게 화가 날 겁니다. '다 지난 일 가지고 왜 그러는 거야?'라며 불평하겠지만, 사실은 우리가 아직 제대로 보상하지 못한 것일 뿐입니다.

상황을 바로잡기 위해 해야 하는 첫 번째 일은, 상처받은 사람들이 전형적으로 겪는 3단계의 감정을 이해하는 것입니다. 저는 이것을 '3H'라고 부릅니다.

- 제1단계 상처Hurt : 자신은 상처받지 않는다고 여기던 망상이 깨집니다. 이제 자신이 얼마나 심하게 상처받을 수 있는지를 깨닫는 단계입니다.
- 제2단계 증오Hate : 믿음을 저버리고 자신에게서 안전함을 빼앗아간 그 사람에게 분노를 느낍니다.
- 제3단계 망설임Hesitation : 다시 안전하다는 느낌을 얻기 전까지는 그 사람에게 다가가려 하지 않습니다.

상대에게 받은 상처가 심각한 경우에는 아무리 진심 어린 사과라도 마음에 와닿지 않습니다. 오직 적절한 보상만이 상처 입은 기억을 치유하여 경계를 풀게 해줍니다. 그러려면 '3H'와 '3R'의 균형을 맞춰야 합니다.

1) 후회Remorse : 상대에게 상처를 입혔다는 사실에 당신도 아파하고 있음을 보여줘야 합니다. 가장 좋은 방법은 "내가 널 정말로 아프게 했어"라고 확실하게 얘기하는 것입니다. 그런 다음 진심을 담아 "내가 잘못했다는 걸 잘 알고, 네게 고통을 주었다는 걸 미안해하고 있어"라고 분명하게 전합니다. 고통받고 있는 사람에게 변명은 통하지 않습니다.
2) 적절한 배상Restitution : 사소한 상처라면 꽃을 보내는 정도로도 해결될 수 있습니다. 하지만 심각한 상처를 준 경우에는

공개적으로 잘못을 뉘우치는 모습을 보여줘야 합니다. 요양원에서 시어머니에게 화를 낸 할리우드 에이전트는 시어머니와 남편뿐 아니라 그 광경을 목격한 모든 사람을 찾아가 사과했습니다. 불륜을 저지른 부동산 개발업자는 단순하지만 효과적으로 자신의 잘못을 회개했습니다. 저의 제안에 따라 그는 아내로 하여금 자신을 향해 마음껏 분노를 쏟아내도록 했죠. 그러고는 한마디도 대꾸하거나 변명하지 않고 묵묵히 듣고만 있었습니다.

3) 회복을 위한 노력Rehabilitation : 다시 상처받을지도 모른다는 두려움을 극복하려면 단지 약속만으로는 부족합니다. 오로지 진정한 행동 변화만이 신뢰를 회복할 수 있게 해줍니다. 할리우드 에이전트는 금주 프로그램에 참여했고, 시어머니로 인해 화가 날 때도 적절하게 대처할 수 있다는 점을 오랜 기간에 걸쳐 증명했습니다. 바람을 피운 부동산 개발업자는 아내와 함께 부부 상담 치료를 받았으며, 외도의 원인이었던 좌절감과 불만을 해결하기 위해 진심으로 노력했습니다.

대개는 상처 그 자체보다 상처를 받은 마음이 더 아픕니다. 자신의 행동에 대한 후회와 그에 걸맞은 배상, 관계를 회복하기 위한 노력을 통해 자신이 사랑하는 사람을 아프게 했다는 고통을 치유하는 동시에 자신을 믿어도 된다는 점을 상대에게 보여줄 수 있습니다.

'3R'을 지속적으로 실천하면 오히려 상대가 마음의 짐을 지게 됩니다. 그러다 어느 순간이 되면, 분명 괴로움을 내려놓고 당신에게 다시 기회를 줄 것입니다. 이런 신뢰 회복의 과정 없이는 상처받은 관계가 치유되지 않습니다.

나를 깨우는 한마디

사랑이란 미안한 마음을 항상 보여주는 것이다.

𝓛

- 상대의 입장에서 '3H'를 느껴봅니다.
  1) 그 사람은 왜 상처받게 되었을까?
  2) 그 사람은 어떻게, 그리고 왜 자신을 아프게 한 나를 미워하게 되었을까?
  3) 그 사람은 왜 경계를 늦추고 다시 나를 믿지 못한 채 망설이고 있을까?
- 상대의 입장에서 자신에게 필요한 '3R'을 생각해봅니다.
  1) 그 사람의 상처를 달래려면 나는 어떻게 후회해야 할까?
  2) 그 사람의 분노를 덜어주려면 어떤 벌이나 배상이 필요할까?
  3) 그 사람이 다시 나를 믿게 하려면 어떻게 행동을 바꿔야 할까?
- 당신이 자신의 잘못을 깨닫고 있으며, 고통을 줘서 미안해한다는 점을 상대에게 알립니다.
- 상대에게 돈보다 가치 있는 무언가로 배상합니다.
- 비슷한 상황에서 상대에게 상처를 주지 않도록 행동함으로써 그 사람이 안전하다고 느끼게 해야 합니다.

마음에 담아두고 꾹 참기만 하면 해결되는 줄 알아

슬픔을 말로 표현하라.
말하지 않은 슬픔은 가뜩이나 고민에 젖은 마음을 부서지게 만든다.

— 윌리엄 셰익스피어

예전에 〈샐리 제시 라파엘 쇼〉라는 토크쇼에 전문가 패널로 출연해서 '가족의 비밀'을 주제로 얘기를 나누었습니다. 그날 출연한 게스트는 세 명의 여성이었습니다. 그들 중 한 명은 아버지가 어머니를 살해한 후 스스로 목숨을 끊는 모습을 목격했고, 다른 한 명은 오빠에게 강간당하고 임신했으며, 마지막 한 명에게는 어렸을 때 죽었다고 얘기 들은 아버지가 같은 마을에 살고 있다는 사실을 뒤늦게야 알게 된 사연이 있었습니다.

저는 수백만 시청자 앞에서 가슴 아픈 자신의 이야기를 털어놓는 그들의 용기에 존경을 표하지 않을 수 없었습니다. 카

메라가 꺼진 후 출연을 결심하기가 분명 어려웠겠다며 말을 걸었습니다. 그런데 뜻밖이었습니다. 사실 본인들이 직접 출연하겠다고 요청했다는 겁니다. 단지 관심을 받고 싶어서가 아니었습니다. 오랫동안 속으로만 지니고 있었던 비밀을 간절히 털어놓고 싶었는데, 진행자인 샐리가 믿을 만한데다 얼굴이 보이지 않는 시청자 앞에서라면 겁먹지 않을 것 같아서 이 쇼를 선택한 것이었죠. 상처받은 그들의 영혼도 큰 위안을 얻었다는 점이 확연히 느껴졌습니다.

이 경험으로 인해 저는 언젠가부터 대강 알고 있던 사실을 아주 확실하게 깨달았습니다. 끔찍한 경험을 밖으로 털어내는 것이 너무나 중요하다는 것을.

끔찍한 일을 경험한 후에 찾아오는 고통, 공포와 상실감에는 대개 또 다른 강렬한 감정이 동반됩니다. 바로 '외로움'이죠. 홍수나 지진처럼 여러 사람이 트라우마를 공유하는 경우라도 그 충격의 강도는 개인마다 제각각이기 때문에, 누구나 어느 정도는 자기 혼자뿐이라고 느끼는 것입니다.

예를 들어 아이를 잃은 부부는 둘 다 슬퍼하지만 그 비극을 경험하는 방식은 서로 다릅니다. 엄마는 대개 모성애의 대상을 잃어버렸다는 상실감을 더 크게 느끼지만, 아빠는 보호자 역할을 제대로 해내지 못했다는 수치심에 지배당하기 쉽습니다. 이런 경우 자신의 감정을 말로 표현하면 고립감을 줄일 수 있습니다. 자신이 세상에서 동떨어져 있지 않고 그 일부라고 느낄 수 있는 거죠.

자신을 밖으로 표현하는 것은 나쁜 감정을 몰아내는 방법이기도 합니다. 끔찍한 사건은 마음속에 유독성 잔류물을 남기는데, 그 일에 대해 다른 사람에게 얘기하는 행위는 마음속에 쌓인 독을 주사기처럼 뽑아내줍니다. 만약 그 독을 제거하지 않고 놓아두면 우리 마음은 공포로부터 해방되기 위해 부정이나 억압 같은 심리적 방어기제를 작동시킬 수밖에 없습니다. 이런 조치를 취하지 않으면 독이 점점 쌓여 몸과 마음, 영혼을 오염시키고 더욱 심각한 파국적 결말을 맞게 될 수도 있으니까요.

조금이라도 더 빨리, 더 많이 자신을 표현할수록 치유도 빨라지고 더 쉬워집니다. 조기에 상처를 입 밖으로 내보내면 마치 자전거에서 떨어진 후 곧바로 올라타는 것 같은 효과를 마음에서 얻을 수 있지요. 하지만 기다리는 시간이 길어질수록 그 일은 점점 더 두려운 대상이 되어갑니다. 억눌린 고통이 쌓이고 비슷한 성질을 지닌 것들끼리 모이면, 그 결과로 심리적 질병이나 공포증 등이 찾아올지도 모릅니다.

이런데도 왜 우리는 그 상처를 끌어안고 있을까요? 다른 모든 자기파괴적 행동과 마찬가지로, 그러는 편이 더 쉽고 편리한 선택처럼 보이기 때문입니다. 마음의 상처를 밖으로 꺼내

보이는 건 너무 힘든 일이라고 두려워하는 거죠. 기억을 떠올리는 매 순간마다 위안이 아닌 고통을 느끼게 될 거라고요. 또 남에게 얘기하면 상황이 더 나빠지지 않을까 걱정합니다. 엉뚱한 사람에게 마음의 짐을 함부로 풀어놓았다가는 자신의 마음이 편해지기는커녕 그 사람에게 부담을 안기고 자칫 피해를 줄지도 모르니까요. 자신의 감정이 무시당하거나 별것 아닌 듯 받아들여지는 경우에도 괜히 바보짓을 했다는 느낌만 받을 것입니다. 우리가 아픈 감정을 끌어안고 사는 또 다른 이유는 그걸 꺼내놓았다가 단지 그 기억을 떠올리는 데만 그치지 않고 당시의 고통을 되살려 더 강력하게 만들어버릴까 두려워하기 때문입니다.

상담치료사로서 저는 환자들이 끔찍했던 사건을 상세히 묘사해보도록 구체적인 질문을 던집니다. 색깔은 어떠했는지, 소리는 얼마나 컸는지, 그 방은 추웠는지, 특별히 어떤 냄새가 났는지……. 안전한 환경에서 이렇게 감각을 통해 당시의 사건을 되살려서 억눌렸던 감정을 끄집어내는 거죠. 이 과정은 한결 용이하게 치유하도록 만들어줍니다.

이 치료법이 통한 사례가 있습니다. 집에서 홀로 아이를 키우며 통신판매 일을 하는 제이는 어느 날 무심코 현관문을 열어둔 채 업무에 열중하고 있었습니다. 그런데 전화 통화를 하는 중에 밖에서 급브레이크를 밟는 굉음과 비명소리, 그리고

'쿵!' 하는 소리가 들렸습니다. 허둥지둥 달려 나가보니 아이는 의식을 잃고 피를 흘리며 쓰러져 있고 당황한 운전사가 응급 조치를 하고 있었죠. 비록 목숨은 건졌지만, 아이는 평생 불구로 살게 되었습니다. 이후 제이는 죄의식과 악몽에 시달리면서 너무나 고통스러운 나머지 당시의 기억을 누구에게도 얘기하지 못했습니다. 그러다 마침내 제 앞에서 그 소름 끼치는 이야기를 아주 상세히 털어놓게 된 것입니다. 아이가 도로에 어떤 모습으로 쓰러져 있었는지, 응급실에서 얼마나 미안한 마음이 들었는지 등 기억하는 것을 모두 쏟아냈죠. 그렇게 밖으로 토해낸 뒤에야 제이는 치유 과정을 시작할 수 있었고, 마침내 스스로를 용서할 수 있었습니다.

남의 이야기를 경청하는 훈련을 받고 법적으로 비밀을 지킬 의무가 있는 심리치료사는 당신의 이야기를 털어놓기에 가장 좋은 상대입니다. 그렇다고 그들만이 당신의 이야기를 털어놓기에 적합한 사람은 아닙니다. 때로는 비슷한 경험으로 고통받은 사람이 가장 좋은 선택일 수도 있습니다. 이들은 그 누구보다도 '저도 이해해요'나 '당신은 혼자가 아니에요'라는 말을 설득력 있게 할 수 있으니까요. 이러한 동료 지원 그룹peer support group은 끔찍한 기억을 치유하는 데 필수적인 존재입니다.

당신과 어떤 관계이건 간에 이야기를 잘 들어주는 사람들은 공통점을 가지고 있습니다. 당신의 이야기에 귀를 기울여

끝까지 들어주고, 당신의 감정을 무시하지 않고 받아들인다는 것입니다. 그리고 당신의 경험이 정말로 끔찍했는지를 현명하게 평가해준다는 점이 가장 중요할 수도 있습니다.

끔찍한 기억을 홀로 되새김질하거나 무관심한 사람들에게 당신의 감정을 털어놓는 것만으로는 별다른 도움이 되지 않습니다. 그 감정을 해소해야만 치유할 수 있고, 자신이 안전하다고 느껴야 그 감정을 해소할 수 있습니다. 또 누군가가 당신의 고통이 가라앉을 때까지 이야기를 들어주어야만 비로소 자신이 안전하다고 느낄 수 있는 것입니다.

나를 깨우는 한마디

끔찍했던 기억을 다른 사람에게 털어놓으면 상처가 빨리 낫는다.

𝓛

- 자신의 이야기를 편하게 나눌 수 있는 공감력 있는 사람을 찾습니다.
- 그 사람에게 당신의 이야기를 시간에 구애받지 않고 충분히 들어달라고 부탁합니다.
- 비난하거나, 질문하거나, 의견을 내세우지 않고 그저 당신의 이야기를 들어달라고 얘기합니다.
- 모습, 소리, 맛, 냄새, 그리고 무엇보다도 당시의 경험에서 느꼈던 감정을 떠올리고 최대한 자세하게 표현해봅니다.

원하는 걸 제대로 요구할 줄 몰라

다른 사람들과 행복하게 지내려면
그들이 줄 수 있는 것만 요구해야 한다.

트리스탄 버나드

14년 전에 결혼한 후 웬디와 잭 포레스탈 부부는 매년 팜스프링스의 휴양지에서 크리스마스 휴가를 보냈습니다. 좋을 때나 나쁠 때나, 건강할 때나 아플 때나, 그리고 두 아이를 낳아 키우면서도 이 연례행사는 죽 이어졌죠.

그런데 5년 전부터 둘 다 그 행사가 싫어졌습니다. 너무 지루했고, 서로가 새로운 변화를 바랐죠. 그러면서도 둘 중 누구도 '올해는 다른 곳에 가볼까?'라고 말해보지 않았습니다. 그 전통을 깨면 상대가 싫어할 거라고 지레짐작하면서 즐거운 척할 뿐이었습니다.

이 부부의 경우 대가가 상대적으로 사소하다고 여길 수도 있지만, 자신이 원하는 것을 요구하지 못해서 생기는 위기와 그로 인한 결과가 늘 그렇지만은 않습니다. 공항까지 차를 태워달라는 것과 같은 일상적인 부탁이라도, 그러지 못해서 생기는 피해는 꽤나 심각할 수 있습니다.

전형적인 사례를 하나 들어보겠습니다. 오지는 정확히 자신이 원하는 걸 표현하지 않아도 해리엇이 알아서 해주길 바라죠. 단지 "이런, 7시까지 공항에 가야 하는데……"라고 힌트만 던질 뿐입니다. 해리엇이 태워다주겠다고 얘기하기를 기다리는 동안 오지의 불만은 쌓여만 갑니다. 결국 택시를 부르려고 전화를 거는 즈음에는 화가 솟구치죠. 자신은 상대가 바라는 걸 다 들어주었건만 해리엇은 이기적이고 배려심이 없다고 생각하는 것입니다. 둘 사이의 분위기는 냉랭해지지만 정작 해리엇은 전혀 알아채지 못하죠. 만약 그 이유를 알았다면 '왜 태워다달라고 말하지 않았어?'라고 오히려 해리엇이 화를 낼지도 모르는 일입니다. 이런 식으로 오해가 두 사람의 우정마저 위태롭게 할 수 있습니다.

깊은 속마음을 아예 꺼내놓지 못하는 경우에는 이보다 더 가슴 아프고 훨씬 더 큰 충격을 줍니다. 예를 들어 고령의 부모는 대부분 자녀에게 도움을 청하지 않으려 합니다. 자식에게 부담을 줄까봐, 혹은 양로원에 보내질까봐 두렵기 때문입니다. 가정을 꾸려 바쁘게 사는 자식에게 손을 내밀기가 죄스럽게 느껴지기 때문인 경우도 있습니다. 그러다 돌이킬 수 없는 응급 상황이 발생하면 오히려 자식이 '왜 진작 얘기하지 않으셨어요?'라고 고함치기 일쑤입니다.

이런 종류의 자기파괴적 행동이 가장 잘 드러나고 논쟁거리가 되는 영역은 아마도 섹스일 것입니다. 섹스에 관해 조언하는 잡지나 자기계발서가 넘쳐나지만, 우리가 성적으로 필요한 것을 요구하기란 여전히 어렵습니다. 섹스를 요구하는 경우에는 용기와 신뢰, 그리고 참을성 있게 들어줄 강한 영혼이 필요합니다. 성과 관련된 문제를 다룰 때면 우리의 자아는 너무 예민해진 나머지 상대의 요구를 비난으로 받아들이기 쉽기 때문입니다. 즉 상대가 성과 관련된 요구를 해야 하는 상황이라면 자신이 뭔가 잘못하고 있다는 뜻이라고 지레짐작하게 됩니다.

따라서 성적으로 요구할 게 있다면 잘 판단해서 선택해야 하죠. 파트너가 내가 바라는 것(혹은 바라지 않는 것)을 알아챌 때까지 절망스럽게 기다릴지, 아니면 자신의 요구를 표현해서 상대의 감정을 상하게 할 수 있는 위험을 감수할지.

당신이 필요로 하는 것이 중대하든 사소하든, 그것을 요청하는 법을 배우기 전에 우선 입을 다물어야 한다는 압박감부터 극복해야 합니다. 우리가 원하는 것을 요청하지 못하는 데는 아주 그럴듯한 이유가 있습니다.

1) 상대의 마음을 아프게 하고 싶지 않아서.
2) 자신이 욕심 많게 바라기만 하는 사람임을 부정하고 싶어서. 특히 남자들은 뭔가를 필요로 한다고 표현하는 것을 자신의 약점을 드러내는 신호로 여기고 '요구'를 '구걸'과 동일시하는 경향이 있습니다.
3) 과연 내가 요구할 만한 자격이 있는지에 대한 성찰 때문에. 부지불식간에 우리는 자신이 준 것과 받은 것의 점수를 기록해둡니다. 자신의 욕구를 드러내지 않음으로써 스스로를 관대하고 고상한 사람이라는 느낌을 얻게 되는 동시에, 미래에 상대로부터 뭔가를 받을 수 있는 기회를 만들어두었다고 여기는 것입니다.
4) 요청의 대가로 뭔가를 요구받을 수도 있으니까. 요구한 것을 받는다는 것은 곧 언젠가 요구받은 것을 내줘야 한다는 뜻이므로, 나중에 상대가 그 점을 악용할까 두려워하는 것입니다.
5) 거절당할 위험에 놓이고 싶지 않아서. 제 환자들에게 왜 필요한 것을 요구하지 않느냐고 물어보면 그들은 흔히 '거절당하면 어쩔 줄 모르겠기에'라고 답합니다. 거절당했을 때 자신이 바람직하지 못한 행동을 취할까봐, 혹은 서로 빼앗

는 관계가 될까봐 두려운 것입니다.

6) 굳이 요구하지 않아도 상대가 알아서 해줄 거라 생각해서. 이것은 상대가 자신을 속속들이 알아주길 바라는 아이 같은 환상입니다. 아기였을 때 우리의 부모가 그랬던 것처럼, 누군가가 우리의 모든 욕구를 예상하고 충족시켜주길 원하는 것입니다.

이때의 딜레마는 '원하는 것을 상대가 해주길 기다리는 것'이 원하는 것을 얻는 데 있어서 최악의 방법이라는 것입니다. 당신이 기다리는 동안 다른 문제들이 발생할 수도 있죠. 충족되지 못한 욕구를 혼자 달래면서 뭔가 빼앗긴 듯한 느낌을 받으면 기분이 우울해질 것이고, 상대에게 냉담하고 서운한 감정을 갖게 될 수 있습니다. 너무 화가 나서, 당신이 무엇을 필요로 하는지 상대가 잘 알면서도 주려 하지 않는다고 생각할 수도 있고요. 뿐만 아니라 어떻게든 보상받으려는 심리가 작동해서 어리석은 행동을 하거나, 최악의 경우에는 술, 마약, 외도, 도박 등에 충동적으로 빠져들 위험도 존재합니다. 하지만 이런 행동은 박탈감에 수치심과 죄책감을 더해줄 뿐입니다.

필요한 것을 요구하는 건 당신이 약해서가 아닙니다. 공정하고 합리적으로 자신이 받을 자격이 있는 것을 요구한다면 결코 이기적이거나 불쾌한 행동이라고 할 수 없죠. 불필요한 일도 아니고요. 요구해야만 얻을 수 있는 것도 분명히 있습니다. 지금 당장은 그것 없이 살 수 있어도, 영원히 그럴 수 있으리란 법은 없으니까요.

나를 깨우는 한마디

꼭 필요하지 않은 것이라면 요구하지 않아도 괜찮다.

- 당신에게 '욕구'가 있다는 점을 인정하세요. 우리 모두가 그렇고, 언젠가는 그 욕구가 드러납니다.
- 당신이 필요로 하는 그것 없이도 살 수 있습니까? 때로는 관계를 위해 희생해야 하는 욕구도 있습니다. 하지만 그것 없이 산다고 생각하면 괴롭고, 그것을 갖고 싶은 꿈을 버릴 수 없다면 무시하고 살기엔 너무 강력한 욕구라고 할 수 있겠죠.
- 필요한 것을 요구하지 않으면 당신이 그것을 필요로 한다는 사실을 상대가 모를 가능성이 높다는 점을 깨달아야 합니다. 타인의 마음을 읽는 능력을 가진 사람은 거의 없으니까요.
- 명령하거나, 비난하거나, 불평하지 않으면서 자신이 필요로 하는 것을 요청하는 방법을 연습하세요.
- 당신이 필요로 하는 것을 있는 그대로 얘기하세요. '지금까지 갖지 못했던 것'이라는 점을 드러내지 말고 '이제부터 갖고 싶은 것'에 집중해서 표현해야 합니다.
- 상대가 '예스'와 '노' 중에서 선택할 수 있도록 해주세요. 상대가 허락해주길 바랄 수는 있지만, 억지로 강요해서는 안 됩니다.
- 요청하는 타이밍이 중요합니다. 예를 들어 성적인 뭔가를 원한다면 이미 잠자리에 든 후에 요청하지 마세요. '오늘밤 당신이 집에 오면 내가 어떻게 할 줄 알아?'라는 식으로 전주곡을 띄우거나, 야한 영화나 책을 읽으면서 '나도 언젠가 저렇게 해보고 싶어'라고 말해보세요.

원하지 않는 사람에게 자꾸만 충고하려고 들어

사랑의 첫 번째 의무는
상대의 이야기에 귀를 기울이는 것이다.

— 폴 틸리히

엘리자베스는 집에 들어오기가 무섭게 입을 열기 시작합니다.

"오늘 무슨 일이 있었는지 당신은 상상도 못할 거야."

그녀는 계속해서 으르렁거리죠.

"내가 몇 주 동안이나 고생해서 만든 제안서를 부장이 마치 자기 것처럼 혼자서 발표하는 거야. 나에 대한 감사 인사도 빼먹고 말이야. 개인적으로 고맙다는 말조차 안 했다고!"

그녀가 떠드는 사이에 남편 데이브는 안락의자에서 꼼지락거리면서 아내를 진정시킬 마법의 단어를 떠올리려 애쓰지요. 그러다가 결국 이렇게 내뱉습니다.

"오, 제발. 그만둬, 여보. 당신이 과잉 반응하는 거야."

"과잉 반응이라니! 부장은 당연히 날 존중했어야 해. 하지만……."

"그럼 왜 그 사람이 그러도록 내버려뒀어?"

"참 고맙네. 내가 어쩌자고 당신에게 이런 얘길 했는지 모르겠지만."

아마도 다음 상황이 어떻게 전개되었을지 쉽게 짐작할 수 있을 것입니다. 엘리자베스가 속상한 마음을 표현하고 싶어서 시작한 대화는 결국 격렬한 말다툼으로 이어졌지요. 수많은 관계에서 이런 일이 벌어집니다. 상대방으로부터 공감과 지원을 바라고 접근했지만, 오히려 무시당했다는 마음만 드는 거죠. 그러다 결국 이해받길 원했던 사람에게 화를 내게 됩니다.

이런 상황은 다른 사람의 극도로 격앙된 감정을 어떻게 다룰지 모르는 경우에 발생합니다. 원래는 상대방의 기분을 풀어주고 마음을 가라앉혀서 화가 난 원인을 해소할 수 있도록 도와주려 했던 것이죠. 그 순간에는 잘못된 것을 바로잡는 게 가장 현명한 방편인 듯 보입니다. 그래서 '좋아, 그럼 당신이 뭘 선택할 수 있을지 살펴보자'라든가 '내가 진작 그 일을 그만둬야 한다고 했잖아'라는 식으로, 냉철한 해결책이라고 생각되는 걸 불쑥 내놓습니다. 또는 '너무 심각하게 생각하지 마', '그 사람도 분명 진심은 아니었을 거야. 너무 신경 쓰지 마'와 같이 상대방의 기분을 바꿔서 문제를 해결해보려 하죠. 이보다 더 나쁜 건 '야, 할일이 있다는 것만도 얼마나 다행이니', '그 정도로 호들갑 떨기는. 내가 전에 어떤 일을 겪었는지 말 안 했던가?'처럼 말해서 상대방이 처한 상황을 경시하는 태도를 보이는 것입니다. 위안을 주려는 의도였지만, 이런 표현들은 잘난 체하려는 말이나 상대의 기분을 전혀 이해하지 못하는 말로 비칩니다. 듣는 입장에서는 '그렇게 생각하다니, 너 참 멍청하구나'라고 말하는 것처럼 들립니다.

이런 상황은 특히 부모와 자식 간에 미묘하게 드러납니다. 스티브와 티나 로빈슨 부부가 딸 낸시의 일로 저와 상담하러 찾아왔습니다. 총명하고 귀여운 낸시(9세)가 다른 아이들과 문제를 일으키기 시작했다는 것입니다. 남들에게 호전적이고 참을성 없이 구는 바람에 친구를 잃게 된 거죠. 이런 상황을 알게 된 후 로빈슨 부부는 딸과 대화를 시도했습니다. 친구의 중요성과 잘못된 대인 관계의 결과에 대해 조언을 해주었지만, 오히려 낸시는 점점 더 침울해하고 시무룩해지고 말았죠. 이후에도 딸의 마음을 돌려놓으려고 계속 노력했지만 딸의 분노만 되돌아올 뿐이었습니다.

제가 낸시에게 무엇 때문에 화가 나는지 물어보았지만 아이는 "아무것도 없어요"라고 대답했습니다. 몇 번이고 다른 질문을 던져도 "잘 몰라요"라고 내납하고는 입을 다물어버렸죠.

그래도 부드럽게 다시 얘기했습니다.

"뭔가 잘못된 게 있을 것 같은데, 넌 참 좋은 아이잖니."

이번에도 모른다고 말했지만, 분명히 답을 찾으려 애쓰는 태도가 엿보였습니다. 그렇게 잠시 정적이 흐른 뒤 갑자기 아이가 소리쳤습니다.

"저는 첫째로 태어났으니까 제일 먼저 죽고 말 거예요!"

그러고는 흐느껴 울기 시작했습니다.

그제야 남동생이 태어났을 때부터 낸시의 행동이 이상해졌다는 사실이 밝혀졌습니다. 새로운 형제자매가 생겼다는 것도 보통 적응하기 쉽지 않은데, 자신이 더 나이가 많으니까 더 일찍 죽게 될 거라는 생각까지 겹쳐지면서 두려움과 외로움이 가중된 것이었습니다. 부모는 충고와 조언만 해주려 했을 뿐, 둘 다 낸시처럼 첫째가 아니었기에 낸시의 독특한 분노를 이해할 수 없었죠. 낸시는 자신이 감정을 표현할 수 있도록 인내심을 갖고 계속 도와줄 수 있는 사람을 필요로 했던 것입니다.

사람들이 화를 내는 원인은 대개 두 가지 유형입니다. 상황 그 자체에 대한 좌절, 그리고 외로움이지요. 우리가 이걸 깨닫지 못하는 이유는 상대에게서 '내게 문제가 생겼어'라는 말밖에 듣지 못하기 때문입니다. 이 말만 들으면 상대가 도움을 청하고 있다고 여겨지기에 우리는 충고로 답하려 합니다. 그런데 상대는 단지 외로움을 덜어내려는 것입니다. 당신이 배려해주는 모습을 보고 싶은 거죠. 따라서 상대의 고통을 알아차리고 공감해주지 않은 채 선불리 문제를 해결하려 들면, 상대의 입장에서는 당신이 일부러 냉담하게 거리를 두고 가르치려는 듯이 보입니다. 즉 상대가 겪는 고통에 휘말리고 싶지 않아 하는 것처럼 느껴지는 거죠.

이때 문제의 핵심은 당신이 감정적인 영역에 논리적으로 대응하려 한다는 데 있습니다. 그들은 위로와 관심을 원합니다. 그런데 단지 해결책만 제시하는 건 그들에게 '당신이 화가 났거나 상처받았다는 사실은 내게 중요하지 않아'라는 말처럼 들리게 되죠. 그건 마치 '아스피린 두 알 먹고 자. 그리고 아침에 나한테 전화하지 마'라고 말하는 것과 다를 바 없습니다.

당신이 아끼는 사람이 화를 내고 있을 때는, 해결책을 제시하기 전에 먼저 당신이 신경 쓰고 있다는 점을 보여주세요. 그러지 않으면 그 분노가 당신 쪽으로 향할지도 모릅니다. 가슴 속에 맺힌 응어리를 끄집어내어 당신의 면전에 던지겠죠. '당신은 이해 못해!'라고 소리치면 당신은 '무슨 소리, 충분히 이해하지'라고 받아치면서 '그래도 그건 이렇게 해야 하는 거야'라고 답하게 될 것입니다. 혹은 당신이 신경 쓰지 않는다고 상대가 비난하면 '그게 무슨 말이야, 내가 신경 쓰지 않는다고? 신경도 쓰지 않는 일에 대체 내가 왜 이런 해결책을 주겠어?'라고 발끈하겠죠. 이쯤 되면 서로의 입장이 바뀐 셈입니다. 당신이 화를 내고 오히려 상대가 침착해지는 거죠.

상대에게 어떤 기분이 들든지 괜찮다고, 당신이 항상 공감하고 있다고 느끼게 해주세요. '저런, 내가 그런 일을 겪었다면 나도 정말 화가 났을 거야', '그런 일을 당했다면 정말 싫었을 거야', 또는 '예전에 내게도 비슷한 일이 일어난 적이 있어. 정말 끔찍했지'와 같이 말하는 것입니다. 그러면 상대가 느끼는 외로움은 금세 수그러들지요.

그러고 나서는 상대방의 감정이 해결되도록 도와주세요. '기분이 많이 안 좋지?'와 같은 질문으로 대화를 시작하는 것은 상대가 속마음을 털어놓도록 용기를 주는 좋은 방법입니다. 그렇게 털어놓기 시작하면 상대는 점차 냉정을 되찾고, 자연스럽게 보다 건설적인 대화로 이어집니다.

나를 깨우는 한마디

사람들은 지식이 아니라
배려를 필요로 한다.

𝓛

- 상대의 감정을 당신이 신경 쓰고 있다는 점을 보여주세요. 그 사람이 자신의 감정을 완전히 표현할 수 있도록 말을 막거나 끼어들거나 판단하지 말고 일단 그냥 들어보세요.
- 상대가 하고 싶은 말이 있는데도 입을 다물고 있다고 여겨지면 누가, 무엇을, 언제, 왜, 어디서 등과 같은 질문을 해주세요.
- 여전히 상대가 다 털어내지 못했다고 생각되면 '얼마나 기분이 안 좋았니?'나 '얼마나 많이 무서웠니?' 등과 같은 질문으로 더 깊은 속마음을 꺼낼 수 있도록 도와주세요.
- 상대의 대답이 모호하게 느껴지면 '정말 죽고 싶어' 또는 '너무 무서워서 잠을 잘 수가 없어'와 같은 단서를 얻어낼 때까지 부드럽게 압박해보세요.
- 여기서 보편적으로 적용되는 법칙은 '상대가 요청하지 않으면 조언하지 말라'는 것입니다. 조언을 원하는지 아닌지가 확실치 않다면 도움이나 제안을 바라느냐고 상대에게 직접 물어보세요.

제4장

앞으로 어떻게 살아야 하는 걸까

GET OUT OF YOUR OWN WAY

꾸물거리다 일을 망치는 경우가 다반사

저녁에라도 시작하는 것이
아예 시작하지 않는 것보다 낫다.

영국 속담

500명을 대상으로 세미나가 진행되고 있을 때였습니다. 청중들에게 자기 자신에게 가장 해가 되는 행동 세 가지 중 일을 미루는 습관을 가진 사람은 손을 들어보라고 요청했죠. 그랬더니 90퍼센트에 달하는 사람들이 손을 들더군요.

이렇듯 거의 모든 사람이 오늘 할 수 있는 일을 내일로 미룹니다. 저처럼 자기파괴적 행동에 관한 전문가들조차도 예외가 아니죠. 지난 몇 년간 언론에 오르내릴 때마다 사람들은 제게 "당신은 꼭 쓰셔야 해요"라고 말했습니다. 그 말에 우쭐하기도 했지만, 한편으론 겁도 났지요. 저도 그래야 한다는 걸 알고 있었습니다. 책을 쓰고 싶기도 했고요. 실제로 집필을 시작한 적도 있었습니다. 하지만 항상 일을 미루게 되는 변명거리가 생기더군요. 스스로를 자책하지 않을 수 없었지요.

'자신의 게으름도 어쩌지 못하면서 어떻게 다른 사람들이 변화하도록 도울 수 있겠어?'

그러던 어느 날 마침내 무엇 때문에 제가 자꾸 일을 미루게 되는지 깨달았습니다. 저는 외로웠던 겁니다. 혼자서 오랫동안 집중해서 일해야 한다는 걸 생각만 해도 참을 수가 없었던 거죠. 무엇이 문제인지 깨닫자 해결 방법도 알 수 있었습니다. 파트너를 찾아서 함께 일하는 것이었죠. 그때부터 책을 쓰는 일이 즐거워졌고 순조롭게 진행되었습니다.

물론 사람들이 일을 미루고 질질 끄는 데는 여러 가지 이유가 있습니다. 자신에 대한 의심, 지루함, 실패에 대한 두려움, 아직 준비되지 않았다는 느낌 등등. 하지만 이런 감정을 가졌다고 반드시 일을 미루게 되는 건 아닙니다. 그보다 큰 문제는 대개 그런 어려움을 혼자 겪어야 하고, 도와주거나 지지해주거나 격려해주는 사람이 없다는 사실이죠. 당신은 혹시 자신이 게으르다고, 겁쟁이라고, 자신감이 부족하다고 스스로를 탓할지 모르지만, 넘어서야 할 진정한 장애물은 '외로움'인 것입니다. 특히 혼자서 해야 하는 일을 미루는 경우라면 더더욱 그러합니다.

이 문제는 보통 어린 시절과 연관되어 있습니다. 예를 들어 처음으로 걸음마를 시작할 때 아이는 자기 발로 걸을 수 있다는 흥분과, 미지의 세계에 대한 두려움 사이를 왔다갔다합니다. 흥분 상태이면 아무도 필요하지 않지만, 두려움을 느끼기 시작하면 아이는 엄마나 아빠를 뒤돌아보면서 자신이 안전하고 혼자 걸을 수 있다는 확신을 느끼려 합니다. 이때 '괜찮아, 무서워하지 마. 할 수 있어!'라는 말을 들으면 아이는 다시 앞으로 발을 내디딜 수 있습니다. 그러나 뒤를 돌아보았는데도 부모로부터 그런 격려의 말을 듣지 못하면 아이는 넘어져서 다시 기어다니게 됩니다. 아이 혼자서는 걸을 수 있는 마음가짐을 갖추지 못하는 거죠. 아이가 맞닥뜨리는 다른 어려운 일에서도 마찬가지입니다. 곁에서 위안을 주고 지지해주는 어른이 없으면 아이는 '도전'을 홀로 치러야 하는 '고통'으로 여기고 말겠지요.

어른으로부터 격려와 지도, 확신을 받고 자란 아이는 어른에 상응하는 가치들, 즉 확신과 상식, 탄력성을 갖춘 사람으로 성장하고, 힘든 일이 생기면 그에 의지할 수 있습니다. 반면 혼자서 문제를 해결해야 하는 상황이 상처와 두려움의 기억을 자극한다면, 그런 아이는 어른이 되어서도 일을 미루게 될 가능성이 높습니다.

따라서 외로움 때문에 생기는 꾸물거림을 극복하는 열쇠는 다른 사람들로부터 지지와 도움을 받는 것입니다. 일을 자주 미루는 사람이라도 다른 사람들과 함께하면 적극적으로 변할 수 있습니다. 사람들이 함께 조깅할 사람을 구하고, 스터디 그룹을 만들고, 협력할 사람을 찾는 이유가 바로 이 때문인 거죠. 알코올중독자치료협회 같은 단체가 회원들 간에 후원자를 두도록 하는 이유도 마찬가지입니다.

만약 종일 함께할 동료가 없다면, 일을 미루지 않으려는 당신의 노력에 도움을 줄 수 있는 사람을 찾아봐야 합니다. 저의 경우 박사학위 논문을 3년째 미뤄온 여성에게 그런 역할을 해준 적이 있습니다. 매일 아침 9시면 전화를 걸어 이렇게 물었죠.

"책상 앞에 앉았나요? 이제 뭘 할 거죠? 그 일을 마치고 난 다음에는 뭘 할 건가요?"

그리고 그녀에게 한 시간마다 제게 전화를 걸어서 진행 상황을 알려달라고 했습니다. 다 큰 어른에게 그렇게까지 할 필요가 있는지 의심스러워 보일지 모르지만, 실제로 효과가 있었습니다. 우리들 대부분처럼 그녀 역시 자기 혼자서만 해내야 하는 상황을 버거워했던 것이죠.

함께 일할 수 있는 사람이나 모니터링을 해줄 수 있는 사람을 구하지 못한다면 당신을 아끼는 부모님이나 친구, 선생님을 머릿속에 떠올려보세요. 정말 실망시키고 싶지 않은 사람, 당신이 늘 피하던 일을 마침내 해냈을 때 당신에게 '정말 잘했어!'라고 기꺼이 칭찬해줄 사람들 말입니다. 비록 상상 속일지라도 다른 사람으로부터 격려와 지지를 받는다면, 미뤄두기만 했던 일을 해낼 수 있을 테니까요.

나를 깨우는 한마디

일을 미루는 건 게으르기 때문이 아니라 혼자라서 외롭기 때문이다.

L

- 자신이 자꾸 일을 미룬다는 사실에 좌절하느라 더 이상 시간을 낭비하지 마세요.
- '다음번에는 다를 거야'라면서 스스로를 합리화하지도 마세요.
- 함께 일할 수 있는 동료를 찾아야 합니다.
- 믿을 만한 친구에게 도움을 요청하여, 일을 미루지 않고 시작하도록 체크해달라고 부탁합니다.
- 자신을 도와준 친구 역시 뭔가를 시도하려 할 때 같은 방식으로 도와줌으로써 보답할 수 있습니다.

모든 일에는 항상 때가 있게 마련인데

아침에 도道를 깨우치면
저녁에 죽는다 해도 후회가 없다.

공자

1991년, 동료 의사들과 저는 일명 '마이클 랜던 전염병'이라는 현상을 목격했습니다. 〈초원의 집〉, 〈보난자〉 등에 출연했던 그 건장하고 정력적인 배우가 말기 암으로 투병하고 있다는 소식에 '저 사람에게 벌어진 일이 내게 생기지 말라는 법이 없을 거야'라는 공포가 사람들에게 널리 퍼진 것입니다. 의사들과 심리치료사들은 갑자기 몰려드는 전화에 정신을 차리기 힘들 정도였습니다.

안타깝게도 비극이 벌어져야만 삶을 정직하게 바라보는 일이 종종 발생합니다. 비극을 접하고 자신의 인생을 다시 평가하고 후회하는 순간이 오는데, 바로잡기엔 너무 늦어버린 경우도 있습니다. 가장 흔한 예는 자신의 에너지 대부분을 일에 쏟아온 사람에게서 찾아볼 수 있습니다. 그 와중에 주변 사람, 부모나 멘토 또는 동시대를 살아온 누군가가 세상을 떠나거나, 자신이 스트레스와 관련된 질병으로 몸져눕는 경우에 말이죠. 그제야 자신이 읽으려 했던 책들을 마저 볼 시간조차 부족함을 깨닫습니다. 또 아이들이 사실상 아빠의 보살핌을 제대로 받지 못했으며, 아내와 둘만의 시간을 보낸 게 벌써 몇 년 전이라는 점도. '죽음을 앞둔 사람은 절대 사무실에서 시간을 더 보내고 싶어 하지 않는다'는 옛사람들의 말을 이제야 실감하게 되죠.

저는 다 큰 어른이 아이처럼 우는 모습을 많이 보았습니다. 부모와 미처 화해하기 전에, 혹은 사랑과 감사의 마음을 충분히 표현하기도 전에 부모가 세상을 떠났기 때문이죠. 그중 한 여성은 자신을 무시하고 비난하기만 하는 어머니와의 관계를 힘들어한 나머지 15년간이나 연락을 끊고 살았습니다. 그러다 친척으로부터 어머니가 세상을 떠났다는 소식을 전해 듣자 가슴속에서 따스한 감정이 솟아오르는 걸 느끼고는 놀라지 않을 수 없었죠. 난생처음으로 어머니를 생각하면서 분노가 치밀지 않았던 것입니다. 그녀가 제게 고백했습니다.

"제 삶에서 엄마를 떼어낸 건 이름뿐인 승리나 마찬가지였

어요. 그럼으로써 상처를 받지 않았지만 좋은 관계를 만드는 기회 또한 가질 수 없었으니까요."

의대 시절 요양원에서 일할 때 저는 인생에서 가장 가슴 아픈 순간 중 하나를 겪었습니다. 요양원에서도 상태가 가장 나쁜 환자들이 입원해 있는 1층에서, 하루 종일 휠체어에 앉아 고통스러운 표정으로 혼잣말을 중얼거리는 남자가 있었죠. 그 사람의 차트를 보고 깜짝 놀란 이유는 한때 주 대법원의 판사까지 지낸 사람이기 때문이었습니다. 간호사에게 왜 아무도 그를 찾아오지 않느냐고 물었더니, 평생 모든 사람을 멀리하고 살았다는 얘기를 들을 수 있었죠.

그와 달리 위층에 입원한 브론스타인 씨는 늘 활기가 넘치고 유쾌한 사람이었습니다. 왜 요양원에 와 있느냐고 묻자 자신의 아내가 1층에 입원해 있다고 했죠. 미국으로 이민 온 두 사람은 양복 재단사와 재봉사로 함께 일했답니다. 대공황과 제2차 세계대전을 함께 이겨내고 자녀 셋을 자랑거리로 키워냈죠. 그러다 아내가 뇌졸중으로 쓰러졌고, 이후 말도 못하고 대소변도 가리지 못했으며 남편조차 알아보지 못하는 지경에 이른 겁니다. 그래도 그는 매일 아침 아내의 침대를 정리해주고 아내의 몸을 씻긴 뒤 머리를 땋아주곤 했습니다. 그가 제게 말하더군요.

"사람들은 왜 굳이 고생하느냐고 말하지만, 내게 뭐가 더 중요하겠나? 아내는 내 평생의 동반자였고, 만약 내가 이 사람과 같은 상태였다면 아내도 내게 똑같이 해줬을 걸세."

이후 브론스타인 씨가 후회 없이 생을 마감한 건 당연한 일이었죠. 한때 대법원 판사였던 그 사람에게도 그런 행운이 있었을까요? 물론 과거에 자신의 일에서 크게 성공했을 수는 있겠죠. 하지만 누군가가 그에게 인생을 다시 시작한다면 무엇을 바꾸고 싶으냐고 물었다면, 아마 이렇게 대답했을 겁니다.

"친구를 더 사귀었어야 했는데……."

당신도 이미 무엇이 중요한지 알고 있습니다. 다만 지금까지 살아온 방식을 바꿀 정도로 노력할 만큼의 경각심을 갖지 못했을 뿐이겠죠. 하지만 죽음이나 생명이 위태로울 정도의 질병이 당신을 찾아와 깨우침을 주는 그 순간은 이미 너무 늦어버린 게 아닐까요?

나를 깨우는 한마디

누군가가 죽은 뒤에야
인생에서 무엇이 중요한지 깨닫지 않도록 하라.

𝓛

- 당신이 여든 살이 되어 인생을 되돌아본다고 상상해봅니다.
- 그때 '나는 의미 있는 삶을 살아왔어'라고 느끼려면 어떻게 살아야 할지 자신에게 물어봅니다.
- 지금처럼 계속 산다면, 여든 살이 되었을 때 중요한 일을 모두 해결했다고 말할 수 있을까요?
- 여든 살인 내가 의미 있는 삶을 살았다고 자신할 수 있으려면, 당장 오늘 무엇부터 바꿔야 할까요?
- 지금 당장 그 일을 시작하세요.

안전하기만 바라고 도전을 두려워해

아주 오랫동안 육지를 보지 못한다는 걸 감수하지 않고는
신대륙을 발견할 수 없다.

앙드레 지드

한평생 대도시와 담을 쌓고 살았던 남자가 난생처음 뉴욕에 왔습니다. 사람들이 그에게 뉴욕에 대한 감상을 묻자 길에서 마주치는 사람마다 땅만 보고 걷는다며 안타까워했습니다.

"누구도 하늘을 보지 않더라고요."

이 사람은 우리가 모험에 나서지 않을 때 무엇을 놓치게 되는지 잘 포착한 것입니다. '전방을 주시하라'는 익숙한 표현은 복잡한 맨해튼 거리에서 길을 찾거나 고속도로에서 운전하는 중이라면 꼭 필요한 말이겠지요. 한마디로 장애물을 조심하라는 뜻이니 훌륭한 조언이지만, 인생 전반의 원칙으로 삼는다면

치명적인 실수가 될 수 있습니다. 자칫 지나치게 조심만 하며 살게 될 수 있으니까요. 단순히 속도를 줄이는 정도가 아니라 아예 방향감각을 잃어버릴 수도 있다는 뜻입니다. 물론 나중에 후회하는 것보다는 안전을 추구하는 편이 나은 상황도 있지만, 언제나 안전만 최우선시한다면 결국에는 후회할 것입니다.

조나단은 크게 성공한 30대 후반의 소프트웨어 디자이너였습니다. 어느 모로 보나 그는 멋진 삶을 살고 있었죠. 비벌리힐스에 큰 저택을 가졌고, 아름답고 성공한 아내와 자랑스러운 두 자녀를 두었으며, 권위 있는 상도 받았고, 연봉이 엄청나다는 사실이 신문에 보도되는 바람에 당황한 적이 있을 정도였습니다.

하지만 정작 조나단 본인은 행복하지 않았습니다. 14년 전에 그는 뛰어난 아이디어를 가진 젊고 대담한 혁신적 사업가로 실리콘밸리에 깜짝등장했습니다. 그가 개발한 초기 상품들이 큰 인기를 얻은 덕분에 어느 대기업과 장기계약을 체결하게 되었죠. 탄탄하고 존경받는 자리에 올라 한 부서를 이끌며 훌륭한 제품을 계속 만들어냈지만, 그가 보기엔 너무 '안전한' 길이었습니다. 소비자와 주주들에게 그들이 원하는 제품을 제공하는 방법을 알게 되었지만 자신이 더 이상 대담하지도, 특별하지도 않다는 점이 조나단을 괴롭혔죠. 그가 한탄하듯이 털어놓았습니다.

"저는 이제 창의력을 잃었어요. 한때는 몽상가였지만, 이제는 숫자밖에 모르는 바보일 뿐이라고요."

조나단은 자신이 가고 있는 방향을 따라가는 건 잘할 수 있게 되었습니다. 하지만 그는 이제 가고 있는 방향을 보며 가기보다 자신이 바라보는 방향을 향해 나아가고 싶은 것입니다.

자신이 가고 있는 방향대로 따를 때는 '두려움' 때문에 앞으로 나아가게 됩니다. 반면 자신이 바라보는 방향을 향해 나아갈 때는 욕망, 확신, 비전에 의해 움직이게 되지요. 어떤 장애물을 만나더라도 이겨낼 수 있다고 확신하는 사람이라면 늘 길바닥을 내려다보며 다닐 필요가 없습니다. 그 대신 목표를 향해 시선을 고정하고 전속력으로 달려갈 수 있겠지요.

안전과 모험, 둘 중 어느 쪽에 더 끌리는지에 대한 성향은 대개 어린 시절의 경험과 연관되어 있습니다. 아이들은 모두 모험심과 호기심이 가득합니다. 그런데 아이가 다치거나 문제가 생겼을 때 부모가 '다시는 그러지 마!'라며 화를 내거나 '또 그러면 다친다'라며 겁을 준다면, 그 아이는 안전을 추구하는 어른이 될 가능성이 높습니다. 위험을 무릅써야 하는 일이 생길 때 어린 시절의 기억이 귀에 대고 속삭이겠죠.

'결국엔 후회하고 말 걸.'

반대로 부모가 '돌아가서 다시 한 번 도전해볼래?'라고 용기를 주었다면, 그 아이는 자신의 꿈을 위해 기꺼이 모험에 나서는 어른으로 성장할 수 있지요.

모험을 편하게 느끼는 것처럼 보이는 사람이 기꺼이 위험을 무릅쓸 수 있는 건, 자신의 능력 너머처럼 보이는 목표에 도전하는 것이 성장을 위한 최선의 방법이라는 점을 알고 있기 때문입니다. 그들의 방향감각은 머리가 아닌 가슴에서 비롯됩니다. 의외의 놀라운 일이 생겨도 겁먹고 피하지 않죠. 오히려 그 의외성을 찾아나섭니다. 그래서 죽을 때도 후회를 남기는 일이 드물죠. 인생의 마지막 순간, 우리는 보통 이미 이룬 일보다 시도하지 않은 일을 후회하게 될 테니까요.

《골프의 이너게임The Inner Game of Golf》의 저자이자 제 친구인 티머시 골웨이는 자신의 고객들에게 퍼팅 연습을 할 때 눈을 감으라고 조언했습니다. 그러면 본능을 따를 수밖에 없으므로 좀 더 부드러운 샷을 하는 데 도움이 된다는 것이죠. 인생의 방향을 바꾸고 싶어 하는 환자들에게 저는 본질적으로 같은 이야기를 전합니다. 눈을 감고, 내면의 비전을 느끼면서, 그 비전이 이끄는 대로 향하라고. 그러면 발을 헛디딜 수도 있겠지만 훨씬 더 풍성한 삶을 즐길 수 있습니다. 또한 길바닥이 아닌 하늘을 올려다볼 수 있을 테고요.

나를 깨우는 한마디

가고 있는 방향대로 따라가지 말고
자신이 바라보는 방향으로 나아가라.

L

- 자신의 인생에서 긍정적이고 이상적이었던 때의 모습을 떠올려봅니다.
- 그때의 자신이 현재의 모습을 비판적으로 들여다본다고 생각해봅니다. 과연 자신의 꿈에 충실하며 살아왔다고 인정해줄까요?
- 실현 못한 꿈 중에서 아직도 변치 않은 의미를 가진 것이 있습니까?
- 도저히 실천할 수 없는 것들은 제쳐두고, 다시 꿈을 좇기 위해 지금 무엇을 할 수 있는지 스스로에게 물어봅니다. 혹은 과거에 꿈꿨던 경험을 얻을 수 있는 새로운 비전이 있습니까?
- 다음 문장의 빈칸을 채워봅니다.

  '지금 당장 내 삶을 바꿀 수 있다면, 나는 __________을(를) 할 것이다.'
- 자신이 가진 두려움을 기회로 바꾸는 연습을 해봅니다. 일본의 전설적인 야구선수였던 오 사다하루처럼. 그토록 많은 홈런을 칠 수 있었던 비결을 물었더니, 그는 상대 투수를 적이 아니라 자신이 더 뛰어난 타자가 될 수 있도록 도와주는 파트너로 여겼기 때문이라고 답했지요.

실수한 뒤에
또 똑같은 실수를 반복해

경험이란 사람들이 자신의 실수에 붙여준 이름이다.

오스카 와일드

과거의 경험이 우리에게 가르쳐주려 하는 교훈을 외면한다면 필연적으로 자기파괴적 행동에 이르게 됩니다. 오래전에 방영된 시트콤 중 한 장면이 떠오릅니다. 우연히 길에서 권총 한 자루를 주운 주인공이 뉴욕의 전당포에 총을 맡기고 돈을 받으려 하죠. 그런데 총을 본 점원이 경보기 버튼을 누릅니다. 여러 복잡한 사건이 벌어진 끝에 결국 주인공은 법정에서 자신을 변호해야 하는 상황에 놓이는데, 판사가 무죄를 선고하기 직전에 한마디를 보탭니다.

"뉴욕에서 총기 판매는 불법입니다. 나중에 총을 또 주우면 어떻게 할 겁니까?"

우리의 영웅은 이렇게 대답하죠.

"뉴저지 주의 전당포에 팔겠습니다!"

실수로부터 잘못된 교훈을 얻은 셈이죠.

우리가 실수에서 가장 흔하게 얻는 잘못된 교훈은 미래에 비슷한 상황이 닥쳤을 때 '다르게 대처해야지'가 아니라 '무조건 피해야 해'라는 생각입니다. 때로는 '다시는 시도하지 않을 거야', '절대 거기에 다시 가지 말아야지' 같은 결심이 필요하지만 대개는 자신의 행동을 되돌아봐야 하는 고통을 덜어주는 임시방편에 불과하지요. 이렇게 무조건 회피하려는 성향이 심각해지면 처음에 트라우마를 초래한 일과 비슷한 상황이 벌어질 때마다 불안감을 느끼고 공포증으로까지 이어질 수 있습니다.

한번은 첫 재판을 망치고 깊은 우울증에 빠진 젊은 검사와 상담하게 되었습니다. 깔끔하게 이기고 싶은 욕심에 그녀는 먹고 자는 것도 잊은 채 재판을 준비했다고 말했습니다. 심지어 재판 전날까지 밤을 새운 다음 법정에 들어가 야심차게 모두진술을 펼쳤지만, 약삭빠른 상대 변호사의 작전에 휘말리고 말았죠. 긴장한데다 잠도 부족했던 그녀는 평정심을 잃고 말까지 더듬더니 자기 가방에서 서류조차 제대로 찾지 못하는 지경에 이르렀던 것입니다. 결국 판사는 무효심리를 선언했고요.

안타깝게도 그 사건에서 그녀가 얻은 교훈은 '나는 형사사건에 어울리지 않아'였습니다. 사실 그녀가 얻어야 할 올바른 교훈은 다음과 같은 것들일 텐데도 말입니다.

'재판 준비에는 몸과 마음의 건강이 중요하다.'

'상대에 대해 최대한 많이 알아두어야 한다.'

'한 번의 실수로 그동안 쌓은 능력까지 사라지진 않는다.'

실수에 대한 흔하고 바람직하지 않은 또 다른 대응은 자신을 너무 가혹하게 판단하는 것입니다.

'난 겁쟁이야!'

'어쩌면 이렇게 바보 같을까!'

'난 너무 무능력해!'

이렇게 자신을 벌함으로써 다소나마 죄책감과 수치심을 덜어보려는 것이죠. 남보다 앞서 선수를 치려는 계산도 깔려 있습니다. 이미 자신을 충분히 비난했기에 다른 사람이 어떤 말을 해도 더 큰 상처를 받지 않을 수 있는 것입니다. 이미 당신이 스스로를 충분히 비난하고 있음을 아는 사람들은 굳이 한마디 더 보태기보다 오히려 위로하려 들 수도 있겠지요.

그럼에도 스스로를 자책하는 행동은 결국 자기파괴로 연결됩니다. '자신을 미워하는 것'과 '자신이 한 일을 미워하는 것'을 구별하는 게 중요하지요. '이로써 내가 정말 가치 없는 인간이라는 게 증명됐어'라는 생각은 자신감의 상실과 절망을 불러일으키지만, '내가 그렇게 행동했다니 참을 수가 없어'라는 생각은 지혜와 결단력의 추구로 이어질 수 있으니까요.

때로는 아예 실수 그 자체를 부인합니다. 혼외정사를 즐기다가 발각되어 혼쭐이 난 후에 '들키지 않게 조심해야 했는데'라고 결론 내리는 사람들을 보곤 하죠. 이렇게 자기중심적으로 대응하면 실수를 통해 성장하기는커녕 진실을 은폐하기에 급급해질 뿐입니다. 이런 사람들은 올바른 교훈, 즉 자신이 바람을 피우게 된 원인을 해결해야 한다는 깨달음을 얻을 수가 없습니다.

한편 학대의 피해자들은 이와 반대되는 경향을 보이는 경우가 많습니다. 가정폭력 때문에 저와 상담하면서 가슴 아픈 사연을 늘어놓다가도 '남편이 그럴 생각은 아니었을 거예요. 그 사람을 화나게 하지 말았어야 했어요'라고 결론짓는 아내들을 보곤 하죠. 역시 잘못된 교훈입니다. 이들이 정말 절실히 배워야 하는 교훈은 이런 것들입니다.

'난 그런 취급을 받아서는 안 돼.'

'내가 나 자신을 지켜야 해.'

'남편을 떠나도 얼마든지 잘 살 수 있어.'

자신의 실수를 부인하는 것도 잘못이고 실수로부터 배우지 않는 것도 잘못입니다. 이런 태도로는 문제를 바로잡을 수 없지요. 자신의 실수와 똑바로 대면하여 올바른 교훈을 얻는 것만이 진정한 해결책입니다.

나를 깨우는 한마디

실수로부터 배운다고 해서
항상 올바른 교훈을 얻는 건 아니다.

L

- 뭔가 실수를 했다고 느꼈다면, 적어도 '48시간' 이내에는 성급하게 되돌릴 수 없는 결정을 내리지 마세요. 일을 망치고 나면 마음속의 무언가가 산산이 부서지는 듯합니다. 서둘러 그 감정을 고치려다가 동기와 행동을 제대로 평가하지 못하고 손쉬운 위안을 얻으려 들게 됩니다. 이런 경우에 '48시간 법칙'을 적용하면 올바른 교훈을 얻는 귀중한 시간을 확보할 수 있습니다.
- 혹시 다음과 같은 이유로 실수로부터 얻을 수 있는 진정한 교훈을 자신이 피하고 있지 않은지 스스로에게 물어보세요.
  - 당장의 만족감을 얻고 싶어서.
  - 진실을 마주하기가 너무 힘들어서.
  - 결국은 자신을 변화시켜야 할 것이기에.
  - 다른 사람을 비난하고 싶어서.
- '자신이 저지른 실수'를 미워하더라도 '자기 자신'마저 미워해서는 안 됩니다.
- 과거의 비슷한 상황을 떠올려봅니다. 그때도 같은 실수를 저질렀나요? 그러지 않았다면 어떻게 다르게 행동했나요? 똑같은 실수였다면, 그때 만약 또 그런 짓을 한다면 어떻게 해야겠다고 생각했나요? 이렇게 기억을 더듬다 보면 올바른 교훈에 한 걸음 더 다가설 수 있습니다.

비현실적인 꿈에 미련을 못 버려

기대는 대개 무너진다.
가장 확실하다고 여겼던 기대일수록 가장 쉽게 무너진다.

윌리엄 셰익스피어

맥신이 도움을 청하러 저를 찾아온 목적은 꽤 합리적으로 보였습니다. 바로 전남편과 재결합하려는 것이었죠. 그들의 첫 번째 결혼은 비록 악몽으로 끝났지만, 이번에는 꿈 같은 결혼 생활을 할 수 있을 거라는 완벽하게 그럴듯한 몇 가지 이유를 설명했습니다. 그녀는 무엇이 잘못되었는지, 자신과 전남편이 그 문제를 해소하기 위해 어떻게 해야 하는지 이제는 안다고 했죠. 이전에도 이혼한 부부의 재결합을 도와준 적이 있었기에 저는 처음에 맥신이 현명하게 접근한다고 생각했습니다. 그러다 전남편의 입장은 어떤지 묻고 나서야 그녀가 얼마나 엄청난 착각을 하는지 알 수 있었죠. 전남편은 이미 재혼해서 두 아이의 아버지가 되어 있었습니다.

맥신은 '자신이 소망하는 것'을 '반드시 가져야 하는 것'으로 착각했고, 결국 그 목표가 한낱 몽상임이 밝혀졌는데도 태도를 바꾸지 못했습니다. 그 때문에 스스로를 비탄에 빠뜨렸고, 자신의 삶을 가꾸고 진정한 관계를 발전시키는 데 써야 했던 시간과 에너지를 헛되이 소비해버린 것이죠.

제 경험상 우리가 기대하는 것들 중 대부분은 공정하고 합리적이지만, 그렇다고 항상 현실적이지는 않습니다. 중년이 되어서도 새로운 직업을 갖겠다는 소망이 합리적일 수는 있지만, 그것이 쉽게 이뤄지거나 당장 성공을 기대하는 건 현실적이지 못하죠. 친구가 내 감정을 이해해주길 바라는 건 당연하지만, 그 친구가 지나치게 분석적이고 해결책에 매달린다면 비현실적인 기대에 그칠 가능성이 높습니다.

비현실적인 목표를 고르는 게 습관이 된 사람들은 자신의 소망이 상식을 무시하게끔 만들어버립니다. 그들의 마음속에서는 자신이 원하기만 하면 무엇이든 실현 가능해져야 한다고 여깁니다. 라스베이거스의 도박사들처럼 승률을 계산해보지도 않은 채 큰돈을 걸고 도박하기를 좋아하지요. 그들은 자신이 꿈을 이룰 만한 능력이나 지식이나 자원을 가졌는지, 상황이 자신에게 유리한지를 현실적으로 따져보지 않습니다.

더욱 심각한 점은 자신의 기대대로 실현될 거라고 너무 확신한 나머지, 대비책을 세워두거나 실패를 감당할 마음의 준비를 해놓지 않는다는 것입니다. 그 결과 단지 패배에 그치지 않고 출발점으로, 아니 심지어 그 출발점보다 못한 곳으로까지 후퇴하게 됩니다. 그리고 매번 실패가 쌓여갈 때마다 스스로의 선택을 재빨리 정당화시켜버리는 통에, 승산 없는 싸움이 오히려 더 매력적으로 비춰지곤 합니다.

물론 자신의 생각대로 성실히 실천하는 사람이라면 다소 거창한 목표를 세워도 괜찮습니다. 진정한 실천가와 선지자는 비현실적인 몽상가와 다르니까요. 그들은 결과가 어떻든 목표를 추구하는 과정 그 자체에 희열을 느낍니다. 설령 실패하더라도 스스로를 추슬러 재기할 줄 압니다. 성공 가능성을 미리 계산해두고 실패에도 대비해두죠.

제가 알고 있는 어느 사업가는 전혀 승산이 없어 보이는 사업을 성공시키곤 했습니다. 그는 늘 위험천만한 프로젝트를 떠맡는 듯했지만, 잠재적인 가능성을 성공 확률로 착각하지 않았고 실패하더라도 무너지지 않도록 재정적으로나 정서적으로 미리 대비해두고 있었습니다.

가능성이 없어 보이는 어려운 일에 도전하려면 그 목표를 이루어줄 수단이 꼭 필요하지만, 자신이 그 실패를 감당할 수 있다는 확신도 필요합니다. 바라는 대상을 얻지 못하면 실망할 것이고, 필요한 대상을 얻지 못하면 우울해지겠지만, 반드시 손에 쥐어야 하는 목표를 달성하지 못하면 완전히 무너질 수밖에 없지요.

그래서 저는 제 환자들에게 자신의 목표가 얼마나 현실적인지 냉정히 판단하고 기대치를 적절한 수준으로 설정하라고 권합니다. 또한 비현실적인 목표를 세웠더라도 절대 '무조건 가져야 해'라는 식으로 덤벼들지 말라고 조언하죠. 그저 '내가 바라는 것' 혹은 '내게 필요한 것' 정도로 그 목표와 적당한 거리를 두는 편이 훨씬 안전합니다. 이것은 특히 인간관계에서 꼭 필요한 태도이지요. 보통은 타인의 마음을 예측하기 어렵기에, 상대에게 갖는 기대를 자신의 '희망사항' 정도로 취급하는 편이 최선입니다.

'실현가능성이 희박한 일'을 '반드시 일어날 일'로 착각하고 기대한다면 끝내 실망하리란 건 자명합니다. 하지만 실현될 수 있는 일과 그렇지 못한 일을 구분해서 각각 있는 그대로 받아들인다면, 자신이 인생에서 얻을 자격이 있는 모든 몫을 충분히 얻을 수 있습니다.

나를 깨우는 한마디

합리적인 목표라고 해서
반드시 현실적인 것은 아니다.

L

- 다음에 원하는 뭔가가 생긴다면, 원하는 대로 이뤄질 가능성이 얼마나 되는지 스스로에게 물어봅니다.
- 그 목표를 달성하는 데 필요한 사항을 모두 적어봅니다.
- 최대한 객관적으로 목표 달성에 필요한 자신의 능력을 평가해봅니다.
- 자신의 목표에 10점 만점으로 점수를 매겨봅니다. 1점은 전혀 현실적이지 못한 목표, 10점은 아주 확실한 목표입니다. 점수가 낮을수록 효과적인 보완 계획이 필요합니다.
- 실현가능성을 기초로 그 목표가 '내가 바라는 것'인지, '내게 필요한 것'인지, 혹은 '무조건 가져야 하는 것'인지 자신의 기대 수준을 설정합니다.
- 실패할 때 찾아오는 좌절감을 감당할 수 없다면, 실현 불가능한 목표에 '무조건 가져야 해'라는 기대는 품지 말아야 합니다.

어려운 길이 늘 옳은 길이라고 착각해

지나치게 어렵거나 능력 밖의 일을 찾으려 하지 마라.

경외성경經外聖經

폴이 처음 상담을 받으러 찾아왔을 때, 저는 그저 과도한 학업에 허덕이는 대학원생이 한 명 더 늘었구나 생각했습니다. 폴은 만성두통과 불면증에 시달리고 늘 우울하다고 했습니다. 그래서 저는 휴학하고 좀 쉬라고 권했지만 의외로 발끈하더군요.

"저는 그렇게 도중에 포기하는 사람이 아니에요. 충분히 견딜 수 있으니 그냥 약이나 처방해주세요."

사실 폴은 전반적인 재점검이 필요한 상태였습니다.

폴에 대해 점점 알게 될수록 학업 때문에 스트레스가 심한 여느 학생들과 다르다는 것을 발견했습니다. 무엇보다 그는 언젠가 건축가가 되겠다는 목표를 가슴속에서 불태우지 않았습니다. 그런데도 학부 과정 내내 건축가의 핵심 과목인 과학과 수학을 공부하느라 고생했고, 지금도 여전히 그 과목들에 다른 동료 학생들보다 두 배는 더 매달리고 있었죠.

대체 왜 그러는 것일까요? 그건 폴이, 가치 있는 것은 절대 쉽게 얻을 수 없고 오직 노력만이 가치를 증명하는 방법이라고 믿으며 자라왔기 때문이었습니다. 그의 부모님은 평생 근면하게 사업을 꾸려왔고, 형 또한 힘들게 공부해서 변호사가 되었습니다. 그래서 포기하고 싶은 마음이 들 때마다 폴은 수치심에 시달렸고, 오히려 더 가혹하게 자신을 밀어붙였던 것입니다.

어떻게 하면 조금이라도 긴장을 풀 수 있을지 얘기하다가 저는 폴이 고등학교 시절의 농구 코치를 틈틈이 도와주었다는 것을 알게 되었습니다. 그는 그 일을 즐겼고 거기에 시간을 더 쏟고 싶어 했죠. 사실 그는 학창 시절에 선수로 활약했을 뿐 아니라 농구에 대한 열정, 경기 흐름을 읽는 능력과 사람들을 지도하는 재능이 뛰어나서 훌륭한 코치가 될 자질을 갖추고 있었습니다. 코치 자리를 제안받은 적도 있었고요.

왜 그 제안을 뿌리치고 대학원에 진학했느냐고 물어보았는데, 폴의 대답에 저는 놀라지 않을 수 없었습니다. 농구 코치라는 직업의 사회적 지위나 연봉이 문제가 아니었죠. '젊은 선수들을 가르치는 것이 자신에게는 세상에서 가장 쉽고 자연스러운 일이기 때문'이라고 말했습니다. 폴이 생각하기에 그런 일은 직업이 아니라 취미로 삼아야 할 대상이었죠. 즉 즐기거나 쉽게 할 수 있는 일은 직업이 되어서는 안 된다는 것이었습니다. 당연히 진땀을 뺄 정도로 힘들어야 하고, 그러지 않으면 사기치는 듯한 기분이 들 거라고요.

저는 폴에게 자신이 좋아하는 일을 하지 않으면, 아무리 젊은 나이라도 만성적인 우울과 피로에 빠질 거라고 말해주었습니다. 그러고는 농구 코치가 되는 것을 진지하게 고민해보라고 제안했습니다.

"하지만 그건 너무 쉬운 길이잖아요."

따지듯 항변하는 그에게 저는 예전에 제 인생을 바꾸었던 말을 들려주었습니다.

"때로는 쉬운 방법이 옳습니다."

우리 사회가 힘든 노력의 가치를 거의 숭배하듯이 중요시하기 때문에, 우리는 즐겁거나 편한 일을 선택할 때면 자신이 너무 게으르거나 현실도피적인 건 않은지 지레 겁을 먹습니다. 어떤 일이 술술 풀리면 일단 의심부터 하죠. 답이 뻔해 보이는 질문을 받을 때처럼 함정이 숨어 있을 거라고 짐작합니다. '혹시 속임수 아냐?'라는 생각이 들죠.

문제는, 이런 생각 때문에 가장 큰 만족을 안겨줄 수 있는 일로부터 멀어진다는 것입니다. 그 대신 '진정한 일'처럼 느껴지는, 지루하고 힘든 쪽을 택하게 되죠. 그러다 그 일에 실패하면 스스로를 무능하다고, 또는 뭘 하는지도 잘 모른다고 질책합니다. 하지만 진짜 문제가 되는 건 지금 하는 그 일을 좋아하지 않는다는 점이죠. 즉 기술이나 지식이 아니라 바로 그 일에 대한 '열정'이 부족한 것입니다. 물론 좋아하지 않는 일이라도 잘할 수 있지만, 그게 오래가지는 못합니다. 열정이 부족하면 아주 사소한 장애물이나 고난에도 쉽게 포기해버리죠. 하지만 자신의 일을 정말 좋아한다면 버티고 이겨낼 수 있습니다.

남에게 일에 대한 책임을 맡기는 걸 힘들어하는 사람들이 있습니다. 성공한 사업가인 일레인은 자신이 싫어할 뿐더러 어려워하기까지 하는 세세한 행정 업무까지 직접 처리하느라 늘 녹초가 될 때까지 일했습니다. 그녀는 사람들을 다루는 재능이 뛰어났습니다. 고객이나 거래처와 대화하는 일, 그들의 호감을 사서 설득시키는 일을 마치 산책하듯 자연스럽게 처리했죠. 사실은 너무 쉬워서 그 일들이 중요하지 않다고 치부했습니다. 한편 세부적인 관리와 재무 업무는 자신이 직접 처리하지 않으면 제대로 된 사업가가 될 수 없다고 여겼습니다. 그래서 다른 직원에게 맡기지 않고, 고되더라도 매일 그 일에 오랜 시간을 들였죠. 이 때문에 그녀는 자신의 진정한 능력을 발휘하지 못했을 뿐더러 관리 업무를 잘해내지 못했기에 스스로를 무능력하다고 여기게 되었습니다. 심지어 너무 싫은 나머지 그 일을 대충 처리하기 시작해서 죄의식까지 들 정도였죠.

당신이 빠져든 일이 너무 쉽게 술술 풀리고 재미있다고 해서 대충 일한다는 뜻은 아니라는 점, 그 이유가 그 일을 열심히 하지 않기 때문은 아니라는 점을 꼭 명심해야 합니다. 단지 쉽고 즐겁게 일하기 때문에 마치 열심히 일하지 않는 것처럼 느껴질 뿐이죠. 설령 다른 사람들이 당신에게 어리석거나 게으르다며 뭐라 한들 신경 쓸 필요가 없습니다. 자신의 일을 좋아하지 않는 사람들이라, 그저 당신을 질투하는 것일 뿐이니까요.

나를 깨우는 한마디

때로는 쉬운 길이
옳은 길이다.

L

- 일이 재미있고 쉽다는 이유로 죄책감을 느끼지 말아야 합니다. 그렇다고 당신이 무책임하거나 게으른 건 아니니까요.
- 자신이 즐기는 것을 의미 있는 일이나 직업으로 삼을 방법을 찾아봅니다.
- 지금 자신의 일에 절망감이나 회의가 든다면, 혹시 자신에게 잘 맞고 쉬운 일을 하지 않기 때문은 아닌지 곰곰이 생각해봅니다.

매사에 포기가 너무 빨라

인내는 명예를 빛나게 한다.
골동품 속의 녹슨 갑옷처럼 유행에 뒤떨어지더라도 버티는 것이다.

윌리엄 셰익스피어

폴은 똑똑하고 매력적이고 에너지가 넘치며, 훌륭한 아이디어와 능력으로 주변 사람들을 사로잡는 남자였습니다. 당연히 크게 성공할 것 같았죠. 하지만 회사에 들어가서도 좋은 성과를 내지 못하더니, 사업을 벌인 이후에도 늘 실망스러운 결과만 낳았습니다. 아내 루스는 넌덜머리가 났습니다. 무려 9년 동안이나 그녀 혼자 생계를 책임져야 했죠.

"저 사람은 충분할 만큼 열심히 노력하질 않아요."

루스는 그렇게 불평했습니다.

사실 '열심히' 노력하지 않는 것이 폴의 문제는 아니었습니다. 다만 '다르게' 노력할 필요가 있었죠. 새로운 사업을 막 시작할 때는 열정적으로 덤볐지만, 세세한 일을 처리하게 되면 금방 지루해했고 진행이 늦어지거나 장애물이 생기면 좌절하기 일쑤였습니다. 운동선수로 비유하자면, 처음에는 크게 앞서 나가다가 상대 선수가 갑자기 자신을 추월하면 이내 슬럼프에 빠져버렸던 것입니다.

예전에 어느 대기업 CEO가 제게 말해주었던 '지루함을 견디는 것이 성공의 열쇠'라는 교훈을 폴은 배워야만 했습니다. 여기에는 고치고, 세세하게 조정하고, 오류를 수정하는 작업이 필요합니다. 오직 새로움에만 흥미를 느끼고 일을 진행하는 과정에서의 지루함을 견뎌내지 못하면 결국 인내심을 잃고 그만둘 수밖에 없죠. 그런 일이 폴에게 반복되었던 것입니다. 현실의 한계를 느끼자마자 흥분은 가라앉았고 자신이 애써 추구해 온 것들이 모두 잘못되었거나 쓸모없는 짓이라고 결론짓고 말았습니다. 그러고는 이렇게 중얼거렸습니다.

"내가 생각한 대로 되지 않고 있어. 이건 내가 정말로 원한 게 아냐."

우리가 일찍 포기하는 건 지루함만이 유일한 이유는 아닙니다. 직업이든 결혼이든, 자신의 예상보다 더 어렵다는 게 확실해지면 아예 노력할 필요가 없다고 생각해버리죠. 특히 눈앞의 장애물 때문에 자신의 약점이나 부족함이 드러나는 경우에 이런 경향이 강해집니다. 창피당하거나 굴욕감을 느끼게 되지 않을까 하는 두려움이 인내하려는 의지를 부숴버리는 것입니다. 물론 본인이 이 사실을 인정하려 하지는 않지요. 단지 손실을 줄이려면 그것이 최선이었다는 식으로 변명거리를 찾아냅니다.

대개의 자기파괴적 행동이 그러하듯, 쉽게 포기함으로써 달성되는 목적도 있긴 합니다. 뭔가에 막히거나 붙잡혀 답답한 상황에서 좌절감과 불안감을 줄여주는 것이죠. 그럼으로써 더 깊은 두려움, 예를 들어 성공하기 위해 필요한 요소를 갖추지 못했다는 사실에 직면하지 않도록 막아줍니다. 외부의 도움이나 격려를 구하는 방편이 되기도 합니다. 도움을 청하는 것을 구걸이나 마찬가지라고 여기며 자존심 때문에 일을 그만두는 경우도 적지 않죠.

그러나 포기로 인해 얻는 위안에는 터무니없는 대가가 따르는데, 목표에 도달하지 못하는 정도로 그치지 않습니다. 포기가 반복되면 다른 사람들뿐 아니라 자기 자신의 신뢰마저 잃게 됩니다. 누구도 쉽게 그만두는 사람을 존중하지 않습니다. 장애물을 이겨내고 좌절감을 극복하는 데 필요한 능력이나 인내의 가치를 배울 수도 없을 테고요.

물론 세상에는 아무리 대단한 노력과 의지를 갖추었더라도 해결되지 않는 일이나 인간관계가 많습니다. 그러나 잠시 멈추는 것과 아예 포기하는 것은 다릅니다. '멈춤'에는 자신이 해온 일을 재평가하고 조정한다는 의미가 담겨 있지만, '포기'는 그만두고, 배를 버리고, 책임감이라는 짐에서 도망친다는 것입니다.

무엇이 '손실을 줄이기 위한 합리적 결정'인지, 무엇이 그냥 그만두는 것인지 어떻게 구분할 수 있을까요? 그 방법 중 하나는 과거를 되돌아보면서 자신의 패턴을 파악하는 것입니다. 자신이 너무 일찍 포기하는 쪽이었는지, 아니면 너무 오래 끄는 편이었는지를 살펴보면 알 수 있죠. 주변 사람에게서 조언을 얻을 수도 있습니다. 그 사람들에게 물어보세요. 과연 당신이 가능한 대안을 모두 살펴보았는지, 필요한 정보를 다 모았는지, 가능한 도움을 모두 구해보았는지 평가해달라고 부탁하는 겁니다. 주변 사람의 눈에 그렇지 않게 보였다면, 당신이 너무 빨리 그만두었을 가능성이 높다고 할 수 있죠.

'절이 싫으면 중이 떠나라'는 속담이 있습니다. 그렇다고 절이 싫어질 때마다 떠난다면 결코 도道를 깨우치지 못할 것입니다.

나를 깨우는 한마디

성공과 실패는 마음대로 되지 않지만
노력하느냐 포기하느냐는 나에게 달려 있다.

- 최근에 그만둔 일이 있다면, 그로 인해 얻은 긍정적 결과와 부정적 결과가 무엇이었는지 평가해봅니다.
- 지금 당신의 상황을 살펴보고, 이번에 그만두면 무엇을 얻고 무엇을 잃을지 적어봅니다.
- 다른 선택지를 모두 적은 후, 각각의 경우에 얻을 것과 잃을 것을 함께 적어봅니다.
- 당신을 비난하지 않고 상황을 객관적으로 판단할 수 있는 사람에게 도움을 청합니다. (앞서 말한 단계를 그 사람과 함께해도 좋습니다.)
- 만약 그만두기로 했다면, 왜 지금 그만두기로 한 건지 스스로에게 물어봅니다. 그 이유가 합리적인가요? 아니면 당황스럽거나 지루한 상황을 피하려고 그만두는 건가요?
- 만약 버티기로 했다면, 믿을 수 있는 사람에게 도움과 지원을 요청합니다.

운에 너무 많은 걸 의지해

한 사람의 운명을 빚는 건 자신의 손이다.

프랜시스 베이컨

심리치료사라는 직업상 거의 매일 누군가로부터 '이제부터는 달라질 거예요'나 '다시는 그러지 않을 거예요'라는 말을 듣습니다. 슬프게도 역시 거의 매일, 실망하고 풀이 죽어 찾아온 누군가로부터 '아무것도 바뀌지 않아요'나 '또 망쳤나 봐요'라는 말도 듣지요.

우리가 때로 별생각 없이 맹세를 하는 이유는 기분이 좋아지기 때문입니다. 적어도 의지는 가져보지 않았냐며 스스로를 위로하고, 다른 사람에게 앞으로는 달라질 것이므로 그들이 다시는 상처받거나 공격받지 않을 거라고 얘기함으로써 기분 좋게 만드는 효과도 있지요. 이런 경우에 맹세는 마치 선거공약 처럼 순간을 모면하기 위한 방법인 것입니다.

하지만 보통 우리는 맹세할 때 진심을 담습니다. 말한 대로 지키려 하고, 미래가 달라지길 원하며, 바뀌려는 의지를 불태우지요. 문제는, 일단 시작하기만 하면 나머지는 어떻게든 처리될 거라고 생각하면서 운에 모든 일을 맡겨버린다는 점입니다.

앞으로 정말 달라지길 원한다면 어떻게 해야 바뀔 수 있는지부터 알아야 합니다. 우선 계획이 필요합니다. 그러지 않으면 미래는 과거의 반복이 되거나, 더 나빠질 수도 있죠. 실제로 변화가 일어나더라도, 지속시키는 도구가 없다면 그 변화를 자신의 것으로 만들 수 없습니다.

자연뿐 아니라 인간의 본성도 진공상태를 두려워합니다. 낯선 상황과 마주하면 우리는 아직 준비가 덜 되었다 여기고, 마음먹었던 목적에 따르기보다 기존의 익숙한 행동으로 그 진공의 공간을 메우려 하죠. 그 결과 단지 부끄러움과 실망을 느끼는 데 그치지 않고 정말 큰 문제로 이어질 수도 있습니다.

예를 들어 저는 평생 열심히 일하다가 은퇴를 앞둔 남자들에게 이런 큰 문제가 벌어지는 경우를 봐왔습니다. '이젠 더 기다리지 않을 겁니다'라며 앞으로 떠날 여행과 갖게 될 취미에 대해 술술 이야기하죠. 그러나 실상은 재정계획을 제대로 세우지 못해서 꿈으로만 그치고 맙니다.

돈에 관한 계획은 세워두었지만 시간에 대해서는 미리 생각해두지 못한 사람들도 있습니다. 그들에게 은퇴한 뒤 정확히 뭘 할 것이냐고 물어보면 "실제로 은퇴하고 나서 생각해도 되지 않겠어요? 해보고 싶었던 일을 하게 될 날을 정말 기대하고 있어요"라고 대답합니다. 그러다 막상 그날이 오면 무엇을 할지 몰라 허둥대죠. 자신은 쓸모없는 사람이라고 자책하고 주변의 모든 사람을 비참하게 만들어버리는 겁니다. 이런 사람의 아내가 제게 한탄하듯 말하더군요.

"젊었을 때도 자기를 잘 챙기지 못한 양반이에요. 그런데 나이 들고 몸이 굳은 지금 어떻게 그걸 잘할 수 있겠어요?"

자신의 생체 시계 속도가 점점 빨라지고 있음을 절실히 느끼는 30대 후반의 싱글 여성들도 이와 비슷한 문제를 겪습니다. 자녀를 갖고 싶은 마음이 너무 강한 나머지, 파트너를 제대로 고르지 못하는 거죠. 이들에게 아이를 어떻게 키울지, 일과 육아를 어떻게 병행할지 등을 물어보면 모성애를 내세우면서 어떤 장애물이든 극복할 수 있다고 확신에 차서 대답합니다.

사랑에 빠진 연인들도 이와 비슷한 환상에 쉽게 빠져듭니다. 젊은 연인이든 중년에 새로운 파트너를 찾은 로맨티스트이든, 다른 사람과 인생을 꾸려갈 때 나타날 수 있는 문제점을 충분히 고려하지 않고 그저 마음이 이끄는 대로 따르는 것입니다. 물론 사랑으로 여러 난관을 이겨낼 수 있지만, 그렇다고 모든 문제를 해결해주지는 못하는데도 말입니다.

자기파괴적 행동을 바꾸는 것이 목적일 때, 운에 과도하게 의존하면 비참한 결과로 이어질 수밖에 없습니다. 예를 들어 다시는 아내를 때리지 않겠다고 약속한 남자가 있습니다. 자신의 잘못을 깨닫고 깊이 뉘우쳤거나 법적인 처벌을 받았을 수도 있는 이 남자의 결심은 아마도 진심일 것입니다. 하지만 꾸준히 상담 치료를 받고, 원인 해소를 위해 노력하고, 갈등에 대해 비폭력적인 대응책을 마련하는 등 그 결심에 상응하는 계획이 따라주지 않으면, 다시 문제가 발생하는 순간 과거의 충동에 휘둘릴 가능성이 높은 것이죠.

이와 마찬가지로 담배, 술, 도박이나 그 외의 다른 자기파괴적 습관에서 벗어나겠다고 맹세한 사람이 운에 의존하는 경우에는 결국 그 맹세를 저버릴 수밖에 없습니다. '다시는 과식하지 말아야지' 또는 '이번이 정말 마지막 내기야'라고 선언하는 것만으로는 부족합니다. 과거의 충동이 되돌아왔을 때 어떻게 대응할지 미리 계획해놓지 않으면 운의 힘도 제대로 발휘되지 못할 것입니다.

예를 들어 갑자기 폭풍 다이어트에 돌입해서 몸무게를 급격히 줄이는 데는 성공했지만, 그 상태를 유지시킬 계획은 세워두지 않은 사람이 많습니다. 그래서 다이어트 전보다 더 뚱뚱해지기도 합니다. 알코올중독자치료협회 같은 단체의 프로

그램이 효과적인 이유도 '계획'에 있습니다. 술을 끊는 방법뿐 아니라 이후에도 계속 금주하는 방법을 제시해주니까요.

영화 〈꿈의 구장Field of Dreams〉에서 케빈 코스트너가 연기했던 주인공은 이런 목소리를 듣습니다.

"네가 야구장을 지으면, 그가 올 것이다."

이후 그는 계획을 세우고 실행한 끝에 가장 깊은 숙원을 이루었습니다. 상황을 변화시키기 위해 구체적인 전략을 세우지도, 실천하지도 않으면서 상황이 달라지기만 바란다면 그 무엇도 바뀌지 않겠지요. 하지만 계획을 세우면 실천할 수 있고, 실천하면 결국 이룰 것입니다.

나를 깨우는 한마디

한 줌의 계획이 한 바가지의 행운보다 가치 있다.

𝓛

- 최종적인 목표를 먼저 마음속에 그려보는 데서부터 출발합니다. 당신이 바라는 모습을 분명하고 구체적으로 그려보세요. 무엇을, 언제, 어디서 할 것인지 스스로에게 묻고 마음의 눈으로 그 미래의 이미지를 바라보아야 합니다.
- 이제 방법을 생각할 차례입니다. 그 목표에 이르기 위해 해야 할 일이 정확히 무엇인지 파악해봅니다.
- 가능하면 목표를 세분화하는 것이 좋습니다. 당신의 목표에 도달하기 위해 밟아야 할 구체적인 단계는 무엇입니까?
- 자신이 세운 계획이 실행 가능한지 다시 한 번 확인해봅니다.
- 어떤 도움이 필요할지 파악합니다. 전문가, 돈, 가족들의 지원 혹은 희생 등 무엇이 필요한가요?
- 자신의 진행 과정을 모니터링할 수 있는 방법을 찾습니다. 정기적으로 점검하지 않으면 지속되기 어렵습니다. 자신의 계획을 다른 사람들에게 알리는 것도 좋은 방법입니다. 믿을 만한 사람들에게 당신의 의도를 알리고, 당신이 잘하고 있는지 지켜봐달라고 부탁합니다.
- 혹시라도 계획을 바꾸고 싶은 마음이 들더라도, 계획을 바꿀 계획을 미리 세워둔 게 아닌 한 절대 포기해서는 안 됩니다.

그만둬야 할 때 헤어나지 못하고 우물쭈물해

내 노래는 아직 부르지도 못한 채
악기만 조였다 풀었다 하느라 세월을 다 보냈네.

라빈드라나드 타고르

상황이 나쁜 경우만이 아니라 나쁜 상황에서 벗어난 뒤에도 저를 찾아오는 환자가 정말 놀라울 정도로 많습니다. 불행하거나 폭력적인 결혼 생활을 끝냈거나, 발전 가능성이 전혀 없는 일을 그만두었거나, 성과가 없는 모험에 시간과 에너지를 더 이상 쏟아붓지 않게 된 이후인데도 말이죠. 이제는 해방감과 안도감을 느껴야 마땅한데, 정작 혼란과 후회만 가득한 상태로 치료를 받으러 옵니다. 무엇을 후회할까요? 더 일찍 그 비참한 상태에서 빠져나오지 못하고 시간을 낭비했다며 후회합니다. 그럼 왜 혼란스러워할까요? 빠져나오기까지 왜 그리 오랜 시간이 걸렸는지 이해하지 못하기 때문이죠.

나쁜 상황에서 너무 오래 머물게 되는 데는 수많은 이유가 있습니다. 우선 현재 상태에 머물면 변화의 위험을 감당하지 않아도 되기 때문이지요. 이미 익숙한 어려움을 견디는 편이 미지의 상황에 맞닥뜨리는 쪽보다 훨씬 더 나아 보이는 경우가 종종 있는 것입니다.

'지금 이 일이 비록 비참하지만, 그만두고 나서 더 나은 직업을 찾지 못하면 어쩌지?'

'불행한 결혼에서 벗어난다 해도, 나 혼자 남겨지면 어쩌지?'

이런 두려움이 강하게 들지요. 또한 고통스러운 결정을 내려야 하는 책임을 지고 싶지 않기 때문입니다.

"제가 사랑하는 사람에게 상처를 준다고 생각하면 참을 수가 없어요."

불행한 결혼 생활을 하는 부부가 제게 흔히 하는 말입니다. 결혼이라는 맹세를 깨고 배우자를 떠날 때 예상되는 죄책감이 현재의 상황에 머물게 만드는 거죠.

그들은 지금 이대로 있는 것이 더 현명한 방법이라고 스스로를 납득시킬 방법을 찾아냅니다. 스스로에게 이렇게 말하죠. 상황이 분명 더 나아질 것이고, 산다는 건 원래 힘든 일이며, 상황이 바뀐다고 뭔가 달라지리라 기대하는 건 어리석은 짓이라고. 더 나은 배우자, 더 좋은 직업, 더 멋진 집 등을 찾아낼 수 없을 테니 지금 가진 것에 만족하려고 노력하는 게 옳다는 식으로 스스로 체념해버리는 거죠.

그런데 이런 합리화에는 비극적인 대가가 따릅니다. 너무 오래 기다린다는 것이 곧 너무 늦게 된다는 의미로 쉽게 변질되죠. 고를 수 있는 선택지가 사라지는 것은 물론이고 더 좋아질 수 있는 변화의 기회조차 모두 사라지게 되는 것입니다. 동시에 자신에게 문제가 있다고 믿기 시작하죠.

'틀림없이 내가 충분히 노력하지 않았기 때문일 거야. 아마 더 열심히 하면 좋아지겠지.'

이렇게 생각하기 때문에, 이미 자신의 몫을 다했으므로 노력한다고 달라질 게 없는 상황에서도 스스로에게 합리적 수준을 넘어 과도하게 요구하거나 무조건 노력에만 매달리게 됩니다. 이런 과정이 지속되면 결국 당신은 제대로 된 삶을 살지 못하고 있다고 느끼게 될 것입니다. 열정과 열의도 점차 사그라지고, 점점 더 불행하고 후회스러운 상황이 이어지겠죠.

그러다 운이 좋으면, 아이러니하게도 뜻밖의 상황으로 전개되는 일이 벌어질 수도 있습니다. 배우자가 당신을 더 이상 참지 못하고 떠나거나 상사가 당신에게 질려 해고해버린다든가 하는 일 말입니다. 하지만 대개는 그 전에 완전히 기운이 소진되어 나이보다 훨씬 늙어 보인다는 말을 듣게 되는 경우가 훨씬 더 많습니다.

너무 오래 기다리다가는 재앙으로 이어질 수 있습니다. 제가 아는 어느 기업의 임원은 새로 채용한 직원이 마땅치 않았지만 미래가 밝은 청년이라 여기고 계속 곁에 두었죠. 다만 2만 달러를 사기당할 때까지 너무 오래 함께한 게 문제였습니다. 또 어떤 여성(38세)은 자녀를 너무 갖고 싶었지만, 그럴 생각이 없는 애인이 변하기를 기대하면서 그와 계속 사귀었습니다. 그녀가 확신에 차서 제게 말했죠.

"결국 그 사람도 달라질 거예요. 사실 아이를 좋아하는 사람이지만 지금 당장은 자기 일에 집중하느라 그런 거예요."

자기 나이에 마땅한 상대를 다시 찾기 어려울 거라는 점도 그녀가 내세운 이유 중 하나였습니다. 그런데 제가 마지막으로 보았을 때, 그녀는 여전히 자녀가 없었고 마흔을 훌쩍 넘긴 나이가 되어 있었죠.

물론 변화에 대한 욕구가 몸이 가려운 것처럼 근질근질하다고 함부로 긁어서는 안 됩니다. 그랬다가는 너무 빨리 포기하는 또 다른 자기파괴적 행동을 만날 수밖에 없죠. 그 욕구가 정말 깊고 진지한지 말해주는 징후를 찾아야 합니다. 흥미나 열의, 집중력이 급격히 감소했다거나, 연애의 경우 상대에 대한 열정을 찾아보기 힘들게 된 것이 신호일 수 있죠. 충분히 노력하지 않았다는 죄책감을 느낄지도 모르지만, 사실은 당신의 마음이 더 이상 거기에 끌리지 않는 것이 더 큰 문제입니다.

홀로 너무 자주, 너무 많이 환상에 젖는 것도 또 하나의 징후입니다. 다른 직업에서 일하거나, 다른 사람과 만나고 있는 자신의 모습을 상상해보는 일 말이죠. 특별한 날에 오히려 우울해지는 것도 변화해야 하는 시기가 이미 도래했음을 알려주는 강력한 신호입니다. 생일이나 새해 첫날, 결혼기념일, 입사일 등은 단지 기념일일 뿐만 아니라 주위를 잘 둘러보고 점검해야 하는 날이기도 하죠. 만약 이런 때에 계속 뒤처지고 있다거나 목표와의 거리가 점점 멀어지고 있다는 생각이 든다면, 변화를 진지하게 고민해야 하는 순간이 찾아온 것입니다.

외교 전문가들은 잘 모르는 동맹국보다 잘 아는 적과 거래하는 편이 낫다고 말합니다. 가끔 낯선 상대와 마주하는 편이 더 현명한 경우도 있습니다. 무엇보다 스스로가 지쳐버릴 때까지 너무 오래 기다리다가는 선택할 수 있는 모든 가능성이 아예 사라져버릴지도 모릅니다.

나를 깨우는 한마디

남의 떡이
실제로 더 큰 경우도 있다.

- 현재 자신의 불만족, 좌절감, 불행의 정도를 솔직하게 평가해봅니다.
- 지금으로부터 5년 후 자신의 삶이 어떤 모습이기를 원하는지 스스로에게 물어봅니다. 현재 상황에서 과연 그 목표에 도달할 수 있을까요?
- 상황이 바뀔 가능성을 최대한 현실적으로 점검합니다. 더 나아질 가능성은 얼마나 됩니까? 그렇게 되기 위해 당신이 할 수 있는 일이 있나요?
- 상황이 결코 나아지지 않을 것임을 알게 되었을 때 얼마나 괴로운 기분이 들지 스스로에게 물어봅니다.
- 당신이 가진 선택지 중에서 현재 상태에서 실행 가능한 대안이 있는지 점검해봅니다. 해당 분야의 전문가와 상의하거나 비슷한 변화를 이뤄낸 사람들과 얘기해보았습니까?
- 현재 상황을 떠났을 경우에 발생할 수 있는 위험들을 분석해봅니다. 계속 머물러 있을 경우의 결과와 비교해보면 어떠한가요?
- 이런 과정을 거쳐 변화가 최선이라고 판단된다면, 두려움이나 죄책감은 신경 쓰지 말고 구체적인 계획을 세우고 실행합니다.

준비가 덜 됐다는 걱정 탓에 자꾸 뒤로 물러나

긴장은 나에게 활력을 주고 효과를 낸다.
긴장감 없이 편할 때 오히려 나는 불안해진다.

— 마이크 니콜스

형사사건 전문 변호사인 폴(50세)은 그야말로 탈진 직전의 상태였습니다. 스트레스, 사내의 권력 다툼, 출퇴근에 지쳤고 자신이 석방시킨 피고가 나쁜 짓을 하는 악몽에 시달리는 것도 지긋지긋했습니다. 결국 그는 회사에 장기 휴가를 낸 다음, 이후에는 집 부근에 작은 변호사 사무실을 열기로 결심했죠. 재정적 위험이 따르는 계획이었지만, 가족들이 가계 지출을 줄이는 데 동의해준다면 잘 풀릴 수 있으리라 기대했습니다.

다행히도 아내와 자녀들은 그의 결정을 지지해주었고, 회사에 통보해야 하는 시점이 올 때까지 잘 견뎌주었습니다. 그런데 정작 폴 자신이 갑자기 불안해지기 시작했습니다. 저를 찾아왔을 때는 그 계획을 그만두려 하고 있었죠. 그가 말했습니다.

"너무 두려워요. 혹시 지금 큰 실수를 하는 건 아닌지, 아직 충분히 준비되지 않은 건 아닌지 말입니다."

폴이 겪는 고통은 중대한 변화나 새로운 시작에 앞서 우리들 대부분이 갖는 오해에서 비롯된 것입니다. 자신이 불안해하는 이유가 아직 준비되지 않았기 때문이라고 여기는 거죠.

이제 하려는 일이 새로운 관계를 맺는 일이든, 새로운 일을 시작하는 것이든, 혹은 아이를 갖는 일이나 다른 사람에게 속마음을 털어놓는 것이든 우리는 종종 아무런 긴장도, 불안도, 망설임이나 의심도 없는, 상상 속에서나 가능한 완벽한 준비 상태가 되기를 기대합니다. 그런데 막상 불안감을 느끼면 아직 충분히 준비되지 않았다는 신호로 받아들이죠. 이런 감정에 굴복하면 막심한 피해를 야기할 수 있습니다. 훗날 인생을 되돌아보면서 후회하게 되는 것은 '했던 일'이 아니라 '하고 싶었지만 못했던 일'이기 때문이죠.

사실 어떤 도전이나 근본적인 변화에 직면하면 누구나 불안함을 느낍니다. '내가 이걸 해낼 수 있을까?' 혹은 '내가 옳은 일을 하고 있는 걸까?'라는 의문이 떠오르지요. 하지만 이런 생각에 얽매이면 전진하지 못하고 주저앉을 수밖에 없습니다. 그 대신 어느 정도의 긴장감이 마음과 정신을 깨어 있도록 해준다는 점을 받아들이면 위기를 타개하고 어떤 상황에서도 효과적으로 대처할 수 있죠.

영화와 달리 현실 세계의 삶에서는 영웅들조차도 세상을 구하기 전에 신경이 온통 곤두서는 긴장감을 느낍니다. 세계적인 운동선수나 유명 영화배우도 실제 경기나 촬영 전에는 가슴이 두근거리고요. 다만 그런 상태에 익숙한데다 긴장감을 동기부여와 효과적인 행동으로 전환시키는 방법을 익혔다는 점만 다를 뿐이죠.

이렇게 불안하고 날카로운 상태를 '공황 상태'와 혼동해서는 안 됩니다. 공황이란 스스로를 폐쇄하는 것입니다. 무기력한 상태에 빠뜨리고 비효율적이고 무반응하게 만들죠.

만약 폴이 공황 상태에 빠졌다면 저는 아직 준비되지 않았다는 생각에 동의했을 것입니다. 그의 계획이 비현실적이었다고 해도 그랬을 거고요. 만약 그가 직장을 그만둔 뒤 은행 잔고를 털어 캠핑카를 사고 순회공연으로 가족을 부양하겠다고 얘기했다면, 저도 그가 불안해할 만하다고 여겼을 테지요. 그런데 그는 이미 실질적인 문제를 해결하는 데 필요한 조치를 차근차근 해둔 상태였습니다. 그의 불안감은 인생의 중대한 변화를 앞둔 책임감 있는 가장에게 완벽하게 자연스러운 감정이었던 것입니다.

'준비'와 '대비'를 구별하는 것도 중요합니다. 예상되는 우발적 상황에 대처할 자원을 충분히 확보하는 것을 '준비'라고 할 수 있습니다. 그와 달리 특정한 상황에 필요한 것을 확보해 두는 것은 '대비'라고 말합니다.

예를 들어 그동안 저는 무수한 시간을 이혼 과정을 겪는 사람들과 보냈기에 이혼과 관련된 어떤 질문에도 답할 '준비'가 되어 있다고 생각합니다. 그와 별개로, 미리 원고를 쓰고 리허설을 하지 않은 상태로는 정신의학과 학생들에게 이혼에 관한 훌륭한 강의를 할 '대비'가 덜 되었다고 할 수 있죠. 저보다 전문성이 훨씬 떨어지는 사람이라도 원고를 잘 외워서 멋진 강의를 할 수 있습니다. 물론 이 사람은 강의에 대한 '대비'는 되었을지언정 이혼을 앞둔 사람에게 조언하거나 질문에 답할 '준비'가 되었다고는 할 수 없을 테고요.

따라서 지금 당신이 느끼는 불안은 '준비'가 부족한 게 아니라 '대비'가 덜 되었다는 신호일 수 있습니다. 이런 경우라면 철저한 대비를 통해 불안감을 잠재울 수 있죠. 그렇다고 해서 모든 의심과 초조함을 한꺼번에 제거할 수 있을 거라고 기대하지는 마세요. 이런 생각은 제가 '무위험의 오류zero-risk fallacy'라고 이름 붙인 상태에 이르게 만듭니다. 즉 일단 시작한 다음에는 어떤 문제나 예기치 못한 사태도 벌어지지 않을 거라고 보장받고 싶은 심리를 말합니다. 하지만 인생에서 그런 보장은 있을 수 없죠. 늘 불확실성이 존재하고, 특히 다른 사람들이 연관된 일이라면 더더욱 그렇습니다. 그래서 이미 결혼을 경험한 사람들이 결혼을 앞둔 신랑 신부가 쩔쩔매는 모습을 보면서 낄낄거리는 것입니다. 그들은 이미 아는 거죠. 새신랑, 새신부가 분명 결혼 전에 성스러운 신호가 나타나 모든 불안한 의심을 없애주리라는, 로맨틱하지만 그리 현실적이지는 않은 소망을 가져왔으리라는 점을.

우리에게 주어진 과제는 불편한 감정을 제거하는 것이 아니라 지금이든 앞으로든 준비를 마친 순간을 포착하는 것입니다. 완벽히 편안한 상태가 될 때까지 기다리기만 한다면, 너무 오래 기다리다가 아예 인생이 당신을 지나쳐버릴지도 모르니까요.

나를 깨우는 한마디

긴장했다고 해서
준비가 덜 된 것은 아니다.

L

- 아직 준비가 부족하다는 생각 때문에 물러서고자 한다면, 일단 잠시 멈춥니다.
- 왜 준비되지 않았다고 생각하는지 스스로에게 물어봅니다. 그 이유를 모두 적어봅니다.
- 준비되었다는 마음이 들려면 어떤 일이 벌어져야 할지 스스로에게 물어봅니다.
- 이런 전제 조건들이 충족될 가능성은 얼마나 되는지 스스로에게 물어봅니다. 그러기 위해서 당신은 무엇을 해야 하나요? 시간과 노력을 들일 만한 가치가 있나요?
- 자신이 대비가 되어 있는지 스스로에게 물어봅니다. 대비하려면 무엇이 필요한지 경험 있는 사람에게 의견을 구합니다.
- 과거에 뭔가를 포기했던 상황을 떠올려봅니다. 지금 판단해보면 그것은 현명한 결정이었나요, 아니면 후회스러운 결정이었나요?

에필로그

이 책을 먼저 읽은 사람들이 알려주는 이야기

이 책이 처음 출간된 이후부터 독자들이 보내준 다양한 반응에 깊이 감사드립니다. 뿐만 아니라 그들로부터 배울 점이 무척 많았습니다.

존 에드워즈, 빌 코스비, 빌 오라일리, 트럼프 대통령의 악명 높은 〈액세스 할리우드〉 영상 등 유명인들의 자기파괴적 행동이 불거질 때마다 저는 그 사건으로부터 얻은 교훈을 다양한 매체에 칼럼으로 기고해왔습니다. 그에 대한 독자들의 반응으로부터도 많은 것을 얻을 수 있었습니다.

이 책의 교훈을 자신의 삶에 직접 적용해본 통찰력 있는 독자들 덕분에, 자기파괴적 행동의 본질을 이해함으로써 배울 수 있는 보편적 교훈이 존재한다는 사실을 깨달았습니다. 그래서 이 책을 처음 읽는 분들의 이해를 돕기 위해 제가 독자들로부터 배운 열 가지 교훈을 정리해보았습니다.

1. 지금 당장 시작하라

우리가 경험할 수 있는 최악의 비극은 삶의 마지막에서야 바라던 것과 전혀 다른 인생을 살았다고 깨닫게 되는 것입니다. 더욱 비극적인 건 꿈과 희망을 이루지 못한 까닭이 대부분 자신이 스스로를 망치는 걸 막지 못해서였다는 사실을 깨닫는 것입니다. 하지만 결코 '너무 늦은' 때란 없습니다. 자신을 망치는 행동을 그만둘 시기는 바로 지금입니다. 그러지 않으면 기회를 놓쳤다는 깊은 후회와 불만족, 사랑에 대한 갈증에 고통받을 위험을 평생 떠안고 살게 됩니다.

2. 작은 화를 피하려다 더 큰 화를 입지 마라

자기파괴적 행동을 변화시키는 데만 급급하다가는 자칫 또 다른 자기파괴적 행동을 불러옵니다. 이 새로운 행동이 오히려 더 치명적일 수 있죠. 성급하게 문제 해결에만 매달리면 더 큰 화를 불러올 수 있음을 명심해야 합니다. 일시적으로 위안이 되는 대응책을 마련하려고 서두르다가 문제가 더 복잡해질 뿐 아니라 신용마저 잃고 바보 같은 짓을 했다며 자책하는 결과로 이어질 수 있습니다. 또다시 비슷한 상황이 벌어지기를 기다렸다가 충동적으로 행동하지 말고 임시방편이 아닌, 어떻게 해야 지속 가능한 해결책이 될 수 있는지 미리 파악해두어야 합니다.

3. 참는다고 문제가 해결되지 않는다

대인 관계에서 자기파괴적 행동을 고치려다가, 아예 자신의 감정을 드러내지 않음으로써 문제를 피하려는 사람들이 있습니다. 괜히 말싸움으로 번지기보다는 화가 나도 참고 속으로 삭이는 게 더 낫다고 생각하는 거죠. 하지만 이런 상처와 실망감을 제때 적절히 처리하지 않으면 후회와 분노, 증오로 굳어집니다. 우리 내부에서 서서히 곪다가 결국은 신체적 증상이나 감정의 화약고로 터져 나오게 됩니다. 따라서 장기적으로 볼 때, 타인과의 문제를 조기에 인식하고 존중과 공감을 바탕으로 해결하는 편이 조금이라도 자신을 덜 망치는 길입니다.

4. 다른 사람을 바꾸려 하지 마라

어떤 사람들은 더 쉬운 해결책을 찾으려다 자신의 행동을 고치기보다 남을 바꾸려고 합니다. '저 여자가 날 비난하지 않으면 나도 화내지 않을 거야!', '저렇게 굼뜨니까 내가 욕을 안 할 수가 없어!' 하는 식으로요. 하지만 생각해보세요, 자신을 바꾸기가 그토록 어려운데 다른 사람을 변화시키는 일이 어찌 쉽겠습니까! 그보다는 자신의 행동을 바꾸는 데 집중하고 더 나은 사람이 되려고 노력하는 편이 낫지요. 당신이 강압적인 자세로 비난하려 들기보다 이해하고 수용하려는 태도로 다가갈 때 다른 사람이 바뀔 가능성도 훨씬 높아질 테고요.

5. 자신에게 문제가 있음을 인정하지 않으면 고칠 수 없다

솔직함과 퉁명스러움, 확고함과 거침, 결단과 고집, 민감함과 히스테리, 즉흥적인 것과 충동적인 것. 이들의 차이를 이해해야만 진실로 자신의 행동을 들여다볼 수 있고, 그것이 긍정적 변화를 향한 첫걸음이 됩니다.

6. 신뢰는 순식간에 무너지지만 다시 쌓기란 어렵다

자기파괴적 행동이 오래될수록 타인의 존중과 신뢰를 잃을 가능성이 높아집니다. 당신의 행동으로 인해 상처받는 사람이 당장은 없을지라도 주변 사람들은 여전히 앞으로 벌어질 일에 촉각을 곤두세우겠지요. 그들의 존중과 신뢰를 되찾으려면 오랜 시간이 걸립니다. 그러니 너무 늦기 전에, 당신에게 공감하던 사람들의 마음이 동정으로 바뀌기 전에 서둘러야 합니다. 변화를 거부하는 시간이 길어질수록 더 많은 친구가 당신으로부터 등을 돌릴 테니까요.

7. 방법이 옳으면 의지도 따라온다

연구에 따르면 사람들이 불만족스러운 직업과 인간관계에 머무는 까닭은 올바르고 합리적이며 실행 가능한 변화법을 찾지 못하기 때문이라고 합니다. 단지 의지만으로는 부족합니다. 방법이 필요합니다. 방법이 의지보다 우선하는 경우도 있습니다. 자기파괴적 행동을 대체할 실질적인 대안을 머릿속에 그려보세요. 그리고 이후 자기파괴적 행동을 시작하려는 낌새가 느껴지면, 잠시 멈추고 자신을 돌아보며 그 상황을 타개할 보다 건설적인 행동에 나서야 합니다.

8. 우리는 언제든 새로운 기술을 배울 수 있다

변화를 가로막는 가장 큰 장애물은 대개 오랜 문제를 풀어낼 새로운 해결책을 배우고 실행할 수 있다는 자신감이 부족한 것입니다. 우리는 새로운 생각에서 일부러 흠결을 찾아내어 거부할 이유를 찾아내곤 합니다. 예를 들어 컴퓨터가 가끔 고장 난다는 구실로 번거로운 종이 서류를 고집합니다. 하지만 사실은 컴퓨터를 제대로 사용하지 못할까 두려운 것입니다.

9. 지나친 자기애는 인간관계를 해치는 주범이다

자기파괴적 행동에 신경 쓰는 건 좋지만 그것에 너무 집착한 나머지 당신에게 소중한 사람을 놓치지 말아야 합니다. 자신에게 몰두하는 만큼 다른 사람을 돌보지 못하게 되지요. 그 결과 그들은 상처받고 절망하며 분노하게 되고, 당신이 전혀 신경 쓰지 않는다고 믿게 됩니다. 이래서는 친구나 연인으로 지내기 힘듭니다. 인간관계에서 이런 균열은 공감으로만 치료할 수 있습니다. 다른 사람의 입장에서 '지금 그 사람은 어떤 기분일까?'라고 자신에게 묻는 습관을 들여야 합니다.

10. 자기파괴적 행동으로 인한 상처는 쓰라리지만 극복의 열매는 달다

사탕을 먹거나 바람을 피웠을 때와 마찬가지로, 자기파괴적 행동에 빠진 직후 얻는 희열은 오래가지 못합니다. 반면 수치심, 죄의식, 모멸감은 오싹하게 느껴질 뿐 아니라 오래 지속됩니다. 자기파괴적 행동의 근원을 잘라내고 그 유혹에 맞서 긍정적인 자기 발전적 행동으로 바꾼다면, 이제껏 경험해보지 못한 존중감과 자부심을 느끼게 됩니다.

감사의 말

이 책에 대해 굳건한 믿음을 보여준 존 더프John Duff, 성실하게 도와준 린 프랭클린Lynn Franklin, 처음부터 지원과 조언을 아끼지 않은 에릭 래셔Eric Lasher와 모린 래셔Maureen Lasher, 사무적인 도움을 준 에리카 쉬클Erika Schichel에게 고마움과 감사를 드립니다.

변함없이 응원해주는 동료들에게도 큰 빚을 지고 있습니다.

에드윈 슈나이드먼Edwin Shneidman, 허버트 린든Herbert Linden, 주드 마머Judd Marmor, 마이클 케이더Michael Cader, 마크 실버맨Mark Silverman, 미아 실버맨Mia Silverman, 프레스톤 존슨Preston Johnson, 비키 마틴Vicki Martin, 더그 크루쉬케Doug Kruschke, 브룩 할핀Brooke Halpin, 줄리 터클Julie Turkel, 앨런 던컨 로스Alan Duncan Ross, 매릴린 케이건Marilyn Kagan.

어머니 루스 고울스톤Ruth Goulston, 아내 리사와 우리 아이들 로렌, 에밀리, 빌리.

이 책에 빼앗긴 시간을 너그러이 이해해준 가족들의 인내에 감사를 드립니다.

그리고 제게 영감을 주고, 자기파괴적 행동을 극복할 수 있다는 희망을 절대 놓치지 않은 제 환자분 모두에게도 감사합니다.

G E T O U T O F

Y O U R O W N W A Y

공저 | 필립 골드버그 Philip Goldberg

소설가이자 각본가로 20권 이상의 책을 저술·공저했다.

옮긴이 | 김윤재

연세대학교 인문학부에서 국문학과 영문학을 전공했고, 현재 출판 기획과 번역에 종사하고 있다. 《해빗》, 《마인드셋》, 《트리거》, 《자동 부자 습관》 등을 우리말로 옮겼다.

나는 왜 내가 제일 힘들까

초판 1쇄 발행 2020년 4월 29일

지 은 이 마크 고울스톤·필립 골드버그
옮 긴 이 김윤재
펴 낸 이 서재필

출판신고 2018년 1월 11일 제395-2018-000009호
주 소 서울시 마포구 월드컵북로 400 (상암동) 5층 7호

이 메 일 mindbuilders@naver.com
블 로 그 blog.naver.com/mindbuilders
페이스북 www.facebook.com/mindbuildings

ISBN 979-11-90015-12-7 03180

이 도서의 국립중앙도서관 출판예정도서목록(CIP)은 서지정보유통지원시스템 홈페이지(http://seoji.nl.go.kr)와 국가자료공동목록시스템(http://www.nl.go.kr/kolisnet)에서 이용하실 수 있습니다.
(cip제어번호:CIP2020009110)

• 책값은 뒤표지에 있습니다.
• 잘못된 책은 구입하신 곳에서 바꿔드립니다.

마인드빌딩에서는 여러분의 투고 원고를 기다리고 있습니다. 출판하고 싶은 원고가 있는 분은 mindbuilders@naver.com으로 기획 의도와 간단한 개요를 연락처와 함께 보내주시기 바랍니다.